即 jí 곧 즉

(甲) 막 음식을 먹으려 자리하는 사람의 동작을 그렸다. 즉(即)은 일종의 시간 부사로 '곧'이라는 추상적인 의미로 쓰이는데, 막 음식을 먹으려 하는 동작을 빌려와 '곧 일어날' 상황을 표현했다.

(金)

既 jì 이미 기

(甲) 무릎을 꿇고 식사하는 한 사람이 음식 앞에서 입을 벌리고 몸을 뒤돌린 모습이다. 이로써 어떤 일이나 어떤 동작이 '이미' 끝났음을 표현했다.

(金)

次 cì 버금 차

(甲) 음식을 먹을 때 음식이 입 밖으로 튀어나오는 예의 없는 행동을 그렸으며, 이로부터 '낮다', '열등하다' 등의 뜻이 나왔다.

(金)

次 (涎) ...

(家) 연회에서 이 모습은 보기 흉하고 예의를 잃은 행동이다. 흘리는 침방울은 나중에 수(水)로 통일되었다.

盜 ... 도

(監) 싫어 하는 모습이다.

盥 guàn 대야 관

(甲) 한 손을 대야에 넣고 손을 씻는 모습이다. 한나라 이전 사람들은 손으로 음식을 집어 먹었다. 그래서 먹기 전에 먼저 손을 씻어야했다. 금문에서는 한 손이 두 손으로 바뀌었고, 물방울도 수(水)자로 바뀌었다. 바로 두 손을 대야에 담아 물로 깨끗이 씻는 모습을 나타내었다.

(金)

皿 mǐn 그릇 명

(甲) 둥근 몸체와 두루마리 발이 있는 용기를 그렸다. 두 귀를 드러낸 자형도 있는데, 크기가 비교적 큰 기물이라 귀를 잡고 쉽게 옮길 필요가 있었을 것이다. 명(皿)의 크기는 정해진 것이 없는데, 보통 식사용 기물로 쓰였으나, 또 다른 용도로 쓰이기도 했다.

(金)

豆 dòu 콩 두

(甲) 두루마리 발을 가진 둥근 몸통의 용기를 말하는데, 아가리의 테를 잘 그려냈다. 두(豆)는 가장 기본적인 식기의 하나였다.

(金)

簋 guǐ 제기 이름 궤

(甲) 한 손으로 숟가락을 들고 용기[簋] 속에 담긴 음식을 뜨는 모습을 그렸다. 궤(簋)는 두(豆)와 외관이 비슷하지만 크기는 훨씬 큰데, 글자를 만들면서 손으로 숟가락을 쥐는 모습으로 이러한 특징을 강조했다.

(金)

---

05 음식/음주와 술그릇

俎 zǔ 도마 조

(甲) 평평한 용기에 두 덩어리의 고기가 놓인 모습이다. 도마[俎]는 제사를 지낼 때 자주 등장하는 기물이다. 금문에 이르러, 일부 자형에서는 두 덩어리의 고기가 도마의 바깥 부분으로 나왔으며, 다시 두 개의 복(卜)자로 단순화 되었다.

(金)

飲 yǐn 마실 음

(甲) 한 사람이 물이 담긴 항아리나 술통을 내려 보고 서서 입을 크게 벌리고 마시려 하는 모습이다. 혀를 강조해 그림으로써, 혀로 맛을 구분하는 기능을 강조했다.

(金)

酒 jiǔ 술 주

(甲) 술 항아리와 튀어나온 세 개의 물방울이 그려졌다. 주둥이가 좁고 긴 몸체에 바닥이 좁고 뾰족한 모양의 병은 앙소(仰韶) 문화유적에서 자주 보이는 기물이다.

(金)

酋 sù/yóu 술 거를 숙

(甲) 띠 풀을 묶은 단을 든 두 손이 술독의 옆에 놓인 모습인데, 띠 풀 묶음으로 술을 걸러내는 모습을 표현한 것으로 보인다. 술은 처음 양조될 때 곡물 찌꺼기를 함유하고 있으므로, 찌꺼기를 걸러내야만 비로소 좋은 고급술이 된다.

zhě 놈 자

zhǔ 삶을 자

甲 金

용기에 채소와 뜨거운 물이 담긴 모습이다. 자(者)는 자(煮)의 근원이 되는 글자이다. 조사로 쓰인 자(者)와 구별하기 위해 아래쪽에다 화(火)를 더했고, 불을 이용해 삶는다는 의미를 더욱 명확하게 표현했다.

香 xiāng 향기 향

甲 金

토기 위에 밀이나 기장 등과 같은 곡식이 그려졌다. 곡식의 알갱이를 불에 익히면 식욕을 끌어당기는 향을 낸다는 뜻이다.

xiè 불꽃 섭

甲 金

한 손에 가늘고 긴 대나무 통을 들고 불 위에서 굽는 모습이다. 이 방법으로 밥을 지으려면 대나무 통이 거의 다 탈 때까지 구워야 한다. 그래서 '푹 익히다'는 뜻이 나왔다.

灶 zào 부엌 조

金

동굴 또는 집과 벌레가 그려진 모습이다. 음식을 조리하는 곳에는 필연적으로 벌레가 나타난다. '부뚜막'은 동굴과 같은 구조를 가졌는데, 나중에 조(竈)의 필획이 너무 많아 복잡하다 생각되어 화(火)와 토(土)로 구성된 조(灶)를 만들었다.

鼎 dīng 솥 정

甲 金

가장 윗부분 기물의 입에 두 개의 귀가 표현되었고, 아랫부분은 서로 다른 형식의 지지대가 표현되었다. 가장 자주 보이는 형태는 둥그스름한 배에 발이 세 개 달린 형태인데, 이후 쓰기 편하게 하고자 두 개의 다리만 그렸다.

具 jù 갖출 구

甲 篆

두 손으로 세발솥[鼎]을 잡거나 세발솥을 위로 들어 올리는 모습을 했다. 토기로 만든 세발 달린 솥은 집집마다 갖추고 있던 필수 조리 기구였으므로, 이에 '갖추다', '준비하다' 등의 의미가 들었다.

員 yuán 수효 원

甲 金

세발솥[鼎] 하나와 원형 하나를 그렸다. 토기로 만든 세발 달린 솥은 대다수가 둥근 모양이었고, 그래서 글자를 만드는 사람들이 이를 갖고 와서 추상적인 '원'의 의미를 표현했다.

鬲 gé/lì 막을 격/솥 력

甲 金

정(鼎)에서 분화해 나온 기물이다. 력(鬲)은 지탱하는 발의 속이 비어 곡물을 삶는데 적합했다.

04 음식/음식 예절과 식기

徹 chè 통할 철

甲 金

력(鬲)과 축(丑)이 조합된 모습이다. 축(丑)은 어떤 물건을 단단히 잡는 동작이다. 굽은 손가락을 뻗어 솥[鬲] 속의 속이 빈 발까지 넣어야만 깨끗하게 청소할 수가 있는데, 이로부터 '철저(徹底)하다'는 뜻이 생겼다.

盧 lú 밥그릇 로

甲 金

화로가 받침대 위에 놓인 모습이다. 금문에서는 작은 용기의 이름으로 사용될 경우에는 명(皿)이 더해졌으며, 만약 청동으로 만든 작은 연소 기구를 지칭할 때에는 금(金)을 더해 사용했다.

qīng 벼슬 경

xiǎng 잔치 향

xiàng 향할 향

甲 金

두 사람이 음식 앞에서 무릎을 꿇고 있는 모습으로, 중간에는 대부분 용기[豆]가 놓여 있는데, 윗부분은 음식으로 가득 찬 모습이다. '경사(卿士: 고관대작)', '향연(饗宴: 잔치)', '상향(相嚮: 서로 마주하다)'는 세 가지 의미를 가지는데, 모두 귀족의 식사 예절과 관련이 있다.

爵 jué 잔 작

斝 jia 술잔 가

曹 cáo 마을 조

鬯 chàng 울창주 창

술을 거르는 기물의 일종이다. 작(爵)의 모양은 매우 복잡한데 몇 가지 특징이 있다. 즉 아가리 가장자리에 기둥[柱]이 있고, 술을 흘려보낼 수 있는 아가리[口流]가 있으며, 기물의 바닥에 세 개의 발이 있다. 금문 자형에서는 손이 하나 더해졌는데, 한 손으로 이 기물을 잡은 모습을 표현했다.

용기의 일종으로, 아가리 가장자리에 두 개의 기둥이 있고, 기물의 바닥에는 두 개나 세 개의 발이 있다. 상나라 유적지에서 발굴된 문물과 대조해 볼 때, 가(斝)라고 이름 붙여진 술을 걸러내고 데우는 기구로 볼 수 있다.

나무로 만든 통에서 술을 거르는 모습이다. 위쪽에 있는 두 개의 주머니는 술을 걸러내기 위해 섬유나 밧줄로 짰다. 나무통으로 술을 걸러내는 일은 술도가에서 술을 걸러내 고급술을 만드는 장치이다.

특정 종류의 꽃송이를 그린 모습이다. 고추, 사이프러스, 계피, 난초, 국화 등과 같은 식물의 꽃잎이나 잎을 사용하여 특별하게 만든 향이 나는 술(창주)은 신령에게 제사를 드릴 때 제공되던 중요한 제수였다.

召 jia 부를 소

配 pèi 아내 배

醯 xī 초 혜

卣 yǒu 술통 유

술잔과 국자를 든 두 손이 술을 데우는 기물 위에 놓인 모습으로, 간접적으로 술을 데우는 모습이다. 이는 연회 시간이 오래 걸리고 천천히 술을 마시며 여유 있게 이야기를 나눈다는 것을 의미한다.

한 사람이 술독 옆에 무릎을 꿇고 있는 모습이다. 고대의 연회에서는 모든 사람이 자신의 술독(또는 술잔)을 갖고 와서 술을 자신에게 맞는 농도로 조정했는데, 이것이 배(配)의 유래이다.

세 가지 구성성분으로 이루어졌는데, 유(酉)는 항아리에 가득 담긴 식초를, 류(㐬)는 머리를 숙여서 감는 성인의 모습을 그렸으며, 또 명(皿)은 접시를 뜻한다. 이로써 식초를 사용하여 머리를 감았음을 표현했다. 혜(醯)의 필획이 너무 많아 '초(醋: 식초)'라는 글자로 대신하였을 것으로 추정된다.

데운 술이나 차갑게 식힌 술을 담는 용기를 뜨거운 물이나 얼음덩어리가 있는 큰 용기에 놓고 손님을 맞을 연회를 준비했다.

06 음식/휴식 시간

壺 hu 병 호

尊 zūn 높을 존

旦 jia 아침 단

采 cǎi 캘 채

昃 zè 기울 측

뚜껑이 있고 곧추선 몸통에 둥근 바닥을 가진 용기이다. 발굴된 유물과 대조해 볼 때, 호(壺)라는 술그릇이라 할 수 있다.

두 손으로 술항아리를 받들고 있는 모습이다. 큰 호리병[壺]에서 작은 술통으로 나누어 옮겨 담는데, 이 작은 용기가 준(尊=樽)이다.

해수면에서 해가 떠오르거나 해수면에서 해가 떠오를 때 반사된 장면을 보여준다. 이후 해의 아랫부분이 가로획으로 단순화되었다.

한 손이 나무 위에서 과일이나 나무의 잎을 따는 모습이다. 또 태양의 광채(光彩)를 묘사하기 쉽지 않았기 때문에, 채(采)를 빌려와 표현했다.

태양이 서쪽으로 넘어가 사람의 그림자를 길게 비추는 모습이다. 그래서 태양이 서쪽으로 질 때의 시간대를 말한다. 옛날에는 해가 지고 나면 다른 일은 할 수가 없었다.

wěi/wēi 맡길 위

篆 한 여성이 머리에 묶은
볏단을 이고 있는
모습인데, 이는
여성조차도 수확한
볏단을 옮기는데
동원되었음을
표상한다. 여성이
볏단을 옮기는 이런
힘든 일에 동원되면
힘이 부치기 마련이고,
그래서 '위임(委任:
남에게 맡기다)', '작고
세세하다' 등의 의미가
나왔다.

jì 끝 계

甲 한 어린아이의 머리에
묶음으로 된 볏단이
놓인 모습이다.
어린아이는
마지막으로 사용할
인적 자원이다. 그래서
'계세(季歲: 한 해의
마지막)'나 '계춘(季春:
봄의 마지막 달)' 등과
같이 계(季)를
가지고서 계절의
마지막을 표현하였다.

金

chōng 찧을 용

甲 절구통의 윗부분에
두 손으로
절굿공이를 잡은
모습이디.
절굿공이로
절구통에 담긴
곡식을 찧어 껍질을
벗기는 작업을
그렸으며, 작은
점들은 곡식의
낟알을 나타낸다.

金

qín 벼 이름 진

甲 자형을 보면, 두 손으로
절굿공이를 잡고 먹을
수 있는 쌀을 만들기
위해 두 개의 곡식
묶음을 찧고 있는
모습이다. 이는 제사를
지내는 의식의
하나였는데, 신령에게
새로 수확한 쌀을
제공하기 전에 신의
보살핌에 감사드리며
풍성한 수확의 모습을
연출한 수확 춤이었을
것이다.

金

mǐ 쌀 미

甲 6개의 곡식
낟알은 여러 개를
상징하고, 가로로
된 획으로 이들을
분리한 모습이다.
상나라 때 미(米
)라고 하면
껍질을 벗긴 어떤
곡물을 통칭했지
어떤 특정한
곡물을 제한하여
불렀던 것은
아니다.

篆

sù 조 속

甲 화(禾: 조)처럼
생긴 곡물과
덩이진 알갱이의
모습으로
되었는데, 이미
껍질이 벗겨진
알갱이라는
사실을 강조했다.
옛날에는 속(粟
)과 미(米)는 특정
곡물이 아니라
껍질을 벗긴 모든
곡물의 알갱이를
지칭할 수
있었다.

liáng 기장 량

金 미(米)를 의미부로
삼는 글자들은 모두
이미 껍질이 벗겨진
알갱이를 말한다.
량(梁)은 미(米)
외에도 창(㐱), 수(
水), 정(井) 등으로
구성되었는데, 창(
㐱)이 소리부로
쓰인 형성구조일
것이다. 량(梁)은
상나라와 왕조의
귀족들이 제사를
지내고 손님을
접대하는 잔치를
벌일 때 쓰던 고급
기장이었다.

03 음식/요리방법과 요리기구

zhì 고기구울 자

篆 고기 한
덩어리를 불
위에 놓고 직접
굽는 모습이며,
이로부터 '직접
접촉하다'는
뜻이 생겼다.

ròu 고기 육

甲 분리된
고깃덩어리의
모습이다.
사냥에서 잡은
짐승이나 집에서
키우는 가축은
몸집이 워낙 커서
분리해 덩어리로
나누어야만
옮겨와
요리하기가
쉬웠다.

duō 많을 다

甲 두 개의 고기
덩어리를 나타낸
모습인데,
이로부터 '
많다'는
추상적인 개념을
표현하였다.

金

shù 여러 서

甲 석(石)과 화(火)의
조합으로 되었는데, 불로
돌을 달구어 굽는 것을
의미한다. 고대인들은
사냥을 했을 때 조리
기구를 가지고 다니지
않았으므로 돌을 달구어
고기를 굽는 조리법을
사용했다. 돌을 달구어
조리하는 방법은 많은
자갈을 사용해야하기
때문에 서(庶)에 '많다'와
'대단히 많은 사람'이라는
의미가 생겼다.

金

昏 hūn 어두울 혼

甲 태양이 사람들의 발 아래로 떨어진 모습이며, 황혼의 시간대를 지칭하는 또 다른 표현이다. 이 시간대가 되면 사람들은 쉴 준비를 하며 더 이상 다른 일을 하지 않는다.

（暮）**莫** mò 없을 막

甲 태양이 숲속으로 들어간 모습이다. 이때가 되면 태양이 완전히 서쪽으로 기울어 빛이 크게 감소하여 하늘에 희미한 빛만 남아 있을 뿐이다. 이 시간대를 갑골문에서는 소채(小采)라고 했고, 또 모(莫)라고도 했다.

晝 zhòu 낮 주

甲 한 손으로 붓을 잡은 모습과 태양을 그렸는데, 햇빛이 충분하여 글씨를 쓸 수 있는 대낮이라는 의미를 담았다.
金

夕 xī 저녁 석

甲 이지러져 남은 달의 모양인데, 달빛이 비치는 시간대임을 분명히 나타내고 있다.
金

---

07 의복/의복문명의 발달

夙 sù 일찍 숙

甲 두 손을 앞으로 뻗고 땅에 무릎을 꿇은 모습인데, 달에게 공경을 표하는 몸짓이다. 고대에는 달을 공경하게 보내고 태양을 맞이하는 관리를 배치했을 것이다.
金

衣 yī 옷 의

甲 옷깃이 달린 옷의 상반신의 모습이다. 옷깃이 달린 옷은 동물의 털이 아닌 천으로 꿰매어졌는데, 이는 방직 산업이 일어난
金 이후의 복장 스타일로, 농업사회가 옷감을 봉제해서 만드는 의복 시대로 진입했음을 반영하였다.

初 chū 처음 초

甲 칼 하나와 옷 하나로 구성되었다. 칼로 옷감을 절단하는 것이 옷을 봉제하는 첫 단계이다.
金 그래서 '시작'을 의미한다.

裘 qiu 갓옷 구

甲 모피의 털이 바깥으로 드러난 가죽옷의 모습이다. '의구(衣裘)'라는 단어는
金 모든 옷을 지칭하는데 쓰이며, 의(衣)는 섬유로 만든 옷을, 구(裘)는 모피로 만든 가죽옷을 말한다.

衰 shuāi 쇠할 쇠

金 헐렁하고 헤진, 표면이 고르지 않은 상복을 말한다. 죽은 친척들에게 애도를 표하기 위해 고대 사람들은 아름답지 않은 옷을 입었고, 장례를 치르는 동안 입는 옷에 가장자리를 꿰매지 않은 것은 아름다운 것을 추구하지 않는다는 뜻을 담았다. 그래서 '쇠약하다'는 뜻이 파생되었다.

表 biāo 겉 표

篆 모피 옷은 아름다움과 힘을 나타낼 수 있다. 하지만 사람들은 쉽게 얼룩이 지는 것을 두려워하여 겉옷을 덧대었지만, 한쪽 모서리로 털이 나오게 하여 모피 옷을 과시하는 것도 잊지 않았다. 이 때문에 표(表)는 모피 옷에 덧대는 겉옷을 의미하여, '표면(表面)', '표창(表彰)하다' 등의 의미로 확장되었다.

袁 yuán 옷길 원

甲 아기가 입는 긴 옷을 말한다. 장기간의 농업사회 생활을 거치면서 상나라 사람들은 대체로 헐렁하고 긴 스타일의 옷을 입었다.
篆

裔 yì 후손 예

甲 치맛자락이 있는 긴 옷을 말한다. 치마의 가장자리가 웃옷과 멀어서, '후예'나 '먼 자손' 등의 뜻으로 가차되었다.
篆

黹 zhǐ 바느질할 치

화려하게 수를 놓은 도안을 말한다. 천과 비단으로 꿰매진 옷은 옷깃의 가장자리가 해지는 것을 방지하기 위해 '교차되는 옷깃'의 형태로 꿰맸다. 아름답게 하기 위해서 귀족 계급들은 이 천 조각에다 자수를 놓았는데 이를 '치둔(黹屯)'이라 했다.

肅 sù 엄숙할 숙

金

한 사람이 붓을 들고 대칭적인 도안을 그리고 있는데, 자수를 뜻하는 수(繡)의 원래 글자이다. 수를 놓을 때에는 실수를 하지 않도록 세심한 주의를 기울여야 한다. 그래서 '정숙(正肅)'이나 '엄숙(嚴肅)' 등의 뜻이 나왔다.

市 (市) fú 슬갑 불

甲

'슬갑(무릎 커버)'이 허리띠에 걸린 모습이다. 슬갑은 원래 목동이 일할 때 하체와 무릎을 보호하기 위한 가죽 옷이었다. 주(周)나라 민족이 슬갑을 중원 지역에 들여왔고 이후 귀족들이 의식을 행할 때 사용하는 복장이 되었다.

爽 shuǎng 시원할 상

金

큰 성인의 몸 양쪽에 정(井)자 모양의 부호가 더해졌다. 이는 옷의 올이 성기고 거친 것을 상징하는데, 이런 옷을 입으면 편안하고 시원하기에, '상쾌하다'는 뜻이 나왔다.

08 의복/의복제도와 장신구

染 rǎn 물들일 염

篆

수(水), 목(木), 구(九)의 3가지 성분으로 구성되어 있는데, 식물[木]의 즙[水]을 여러 번[九] 침투시켜 담그는 염색 작업을 의미한다.

冏 jiōng 먼데 경

金

경(冂)은 치마의 모습인데, 상(常)과 상(裳)의 어원이 되는 글자이다.

黃 huáng 누를 황

甲

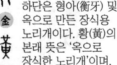

허리띠에 다는 옥패의 형상으로, 중앙의 원은 이 장식물의 주체가 되는 옥고리이며, 상단은 허리띠에 가까운 옥으로 만든 장식용 노리개이며, 하단은 형아(衡牙) 및 옥으로 만든 장식용 노리개이다. 황(黃)의 본래 뜻은 '옥으로 장식한 노리개'이며, 이후 '노란색'으로 가차되었다.

佩 pèi 찰 패

金

왼쪽은 서 있는 사람의 모습이고 오른쪽은 넓은 허리띠 아래로 '목욕 수건'이나 '옥패'가 늘어뜨려진 모습이다.

嬰 yīng 갓난아이 영

金

윗목 주위로 조개껍질로 만든 장식이 고르게 매달려 있다. 목걸이 장식은 목을 에워싸고서 매달려 있기 때문에 '에워싸다'는 의미로 확장되었다.

帶 dài 띠 대

金

篆

윗부분은 허리띠로 조여진 옷의 허리 주름, 아랫부분은 연속된 옥 장식물이 달린 옷단이다. 허리띠는 옷을 조일 수 있을 뿐만 아니라 도구와 장식물을 다는데도 사용할 수 있었다. 이후 '휴대(携帶)하다'는 뜻으로 확장되었다.

冒 (帽) mào 쓰개 모

甲

金

어린 아이의 모자를 뜻하며, 가장 위쪽에 장식물이 달려 있고, 가운데는 모자의 몸통이고, 가장 아래쪽은 귀를 보호하기 위한 귀마개이다. 후에 모(冒: 무릅쓰다)로 변화하였고, '모험(冒險)'이나 '모실(冒失: 경솔하다)' 등의 뜻이 나왔다. 그렇게 되자 건(巾)을 더한 모(帽: 모자)를 만들어 구분했다.

履 lǚ 신 리

金

한 성인의 발에 배처럼 보이는 신발이 신겨진 모습이다. 신발의 형상을 단순히 그리게 되면 주(舟: 배)와 혼동하기 쉽다. 그래서 귀족이 신발을 신는 모습을 더해야만 했다.

前 qián 앞 전

湔 jiān 씻을 전

甲

金

한 쪽 발을 손잡이가 달린 쟁반에 넣고 씻는 모습이다. 발을 씻는다는 본래의 의미 외에도, '먼저', '~이전에'라는 뜻이 있는데, 아마도 사당에 들어가기 전에 발을 씻던 습관에서 비롯되었을 것이다.

경성대학교 한국한자연구소
HK+ 한자문명연구사업단 한자총서 04

유래를 품은 한자一

03 일상생활①
(음식과 의복)

About Characters.
문자학자의 인류학 여행기

허진웅 저
김화영·하영삼 역

도서출판 3

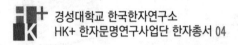

경성대학교 한국한자연구소
HK+ 한자문명연구사업단 한자총서 04

유래를 품은 한자 ❸ 일상생활(1)

저자 허진웅(許進雄)
역자 김화영·하영삼
디자인 김소연
펴낸곳 도서출판3

초판 1쇄 인쇄 2021년 1월 10일
초판 1쇄 발행 2021년 1월 15일

등록번호 제2018-000017호
전화 070-7737-6738
전자우편 3publication@gmail.com

ISBN: 979-11-87746-47-8 (93710)

This work was supported by the Ministry of Education of the Republic of Korea and the National Research Foundation of Korea (NRF-2018S1A6A3A02043693)

유래를 품은 한자
제3권
일상생활 ❶
(음식과 의복)

허진웅 저
김화영·하영삼 역

목차

추천의 글

가장 신뢰할 수 있는 한자학 대중 시리즈

황계방(黃啟方)
(세신대학교 종신명예교수,
전 대만대학교 문과대학 학장, 전 국어일보사 회장)

문자의 발명은 인류사에서 중요한 사건입니다. "옛날 창힐이 문자를 만들자, 하늘에서는 곡식이 비 오듯 내렸고, 귀신은 밤을 새워 울었다."라는 기록처럼(『회남자』), 한자의 창제는 천지를 경동시키고 귀신을 놀라게 할 정도의 충격적인 일이었습니다. 현재 남아 있는 최초의 한자는 거북딱지나 짐승의 뼈에 칼로 새긴 갑골문(甲骨文)입니다.

갑골문은 고대의 매우 귀중한 문화 유물이지만 19세기 말(1899년)이 되어서야 비로소 발견되었습니다. 갑골문의 발견보다 183년 전인 1716년에 편찬된 『강희자전』에는 이미 5만 자 이상의 한자가 수록되어 있었습니다.

한나라 때의 허신(許愼)이 한자의 창제에 대해 '상형(象形), 지사(指事), 회의(會意), 형성(形聲), 전주(轉注), 가차(假借)'의 6가지 원칙으로 요약한 이후, 역대 왕조의 한자 학자들은 이에 근거해 한자의 형체와 독음 및 의미를 설명하기 위해 열심히 노력해 왔습니다.

그러나 한자의 창제와 관련된 문제는 대단히 복잡해, 허신의 6가지 원칙으로 모두를 포괄하여 설명하기는 어려운 게 사실입니다. 그래서 갑골문이 발견된 이후, 그간 이루어졌던 역대 학자들의 해석에 대해 새로운 검증이 이루어졌습니다. 물론 재검증과 새로운 해석의 조건을 갖추기 위해서는 갑골문에 대한 특별한 연구 성과가 필요한데, 허진웅(許進雄) 교수는 오늘날 이 방면에서 가장 뛰어난 학자 중의 한 분입니다.

허진웅 교수의 한자에 대한 예리한 감각은 생각지도 않게 우연히 발견되었습니다. 그는 어느 날 한 서점의 서가에 놓여있던 청나라 학자 왕념손(王念孫)의『광아소증(廣雅疏證)』을 읽자마자 곧바로 흥미를 느끼기 시작했고, 이를 계기로 한자연구의 세계에 들어서게 되었습니다.

1960년 가을, 허진웅 교수는 국립대만대학의 중문학과에 입학했습니다. 당시 2학년 필수과목이었던 '한자학' 때문에 대부분의 학생들이 골머리를 썩고 있었을 그때, 그는 고학년 과목이었던 '고대 문자학'은 물론 대학원에 개설된 '갑골학(甲骨學)' 과목을 청강하였을 정도였습니다.

당시 대만대학 중문학과에서 이 영역을 강의했던 교수진으로, 이효정 (李孝定), 김상항(金祥恒), 대군인(戴君仁), 굴만리(屈萬里) 교수 등이 계셨습니다. 당시 대단한 학자들이셨던 그들 모두가 이 특이한 학생에게 특별한 관심을 기울였습니다. 허진웅 교수의 첫 번째 논문이 「은 복사에 나타난 5가지 제사에 대한 연구(殷卜辭中五種祭祀的研究)」였는데, 이는 갑골문자에 근거해 상 왕조의 의례 시스템을 연구한 것입니다. 그는 동작빈(董作賓) 교수와 일본 학자 시마 쿠니오(島邦男)의 이론에 의문을 제기하고 은상 왕조의 왕위 계승에 관한 새로운 계보를 제안하여, 한자학계를 놀라게 하기도 했습니다. 그런 다음 그는 갑골에 남겨진 드릴링 패턴인 찬조(鑽鑿) 형태를 충분히 분석하여 『갑골문의 찬조 형태 연구(甲骨上鑽鑿型態的研究)』를 완성했습니다. 이는 갑골문자 형성의 기초에 대한 직접적인 논의로, 오늘날 갑골학계에서 그 학술성을 완전히 인정받았습니다. 또한 중국 안양박물관의 갑골문 전시 센터에서 선정한 지난 1백 년 동안 갑골학에 기여한 25명 중의 한 사람으로 뽑히기도 했습니다.

허진웅 교수는 1968년 굴만리(屈萬里) 교수의 추천을 받아, 캐나다 토론토에 있는 로열 온타리오 박물관(Royal Ontario Museum)의 극동부 연구원으로 근무했으며, 그곳에 소장되어 있던 상나라 갑골의 정리 책임자로 일했습니다. 그의 뛰어난 성과로 인해 그는 곧 연구조교, 조교 연구원, 준 연구원 등을 거쳐 연구원으로 승진했습니다. 박물관에서 20년 동안 일하면서 그는 중국 문화유물의 수집 및 전시 활동에도 참여를 많이 하여, 고대의 중국 문물에 직접 접촉할 수 있는 풍부하고도 실제적인 경험을 가질 수 있었습니다. 이러한 경력은 그로 하여금 중국문자학과 중국 고대사회연구에 큰 장점을 발휘하게 하였으며, 한자학과 고대사회연구를 서로 보완하여 더욱 훌륭한 성과를 낼 수 있게 하였습니다.

고대한자를 이야기하면서, 고대사회와 고대 문화유적에 대한 연구에 뿌리가 없어서는 안 될 것입니다. 허진웅 교수는 고대한자에 대한 정확한 분석, 고대한자의 원시의미와 그것의 변화에 대한 해석 등에서 방대한 증거와 논증을 동원하여, 근거를 가진 매우 창의적인 해석을 해왔습니다. 한번은 허진웅 교수가 이렇게 설명한 적이 있습니다. "대문구(大汶口)에서 출토된 상아로 만든 빗을 소개할 때, 갑골문의 희(姬)자를 들어서 헤어 액세서리와 귀족의 신분 관계에 대해 이야기했었습니다. 또 동주 왕조의 연꽃 꽃잎 모양의 뚜껑이 달린 청동 호리병에 대해 이야기하면서 뚜껑의 술 거르는 필터가 특수하게 설계되었음을 언급했었습니다. 그런가 하면 금(金)나라의 나무로 조각된 채색 관세음보살상을 소개하면서 관세음보살의 전설과 신앙을 소개하기도 했습니다."

그는 또 미(微)자에 대해 갑골문, 양주 시대의 금문, 진나라 때의 소전으로부터 현대의 해서에 이르기까지의 자형 변화에 근거하고, 또 "미(微)는 희미하다, 몰래 가다는 뜻이다(微, 眇也, 隱行也)"라는 『설문해자』의 해설에 담긴 의미를 다시 해석하여, 사람들의 의표를 찌르는 전혀 예상치 못한 의견을 제시했습니다. 즉 "미(微)는 맹인이나 힘이 약한 노인을 살해하던 고대의 장례 관습을 반영했으며", 이런 장례 관습은 근세에 이르기까지도 일본에 여전히 존재했다고 했습니다. 유명한 「나라야마 부시코(楢山節考)」는 이러한 관습을 탐구한 일본 영화입니다. 허진웅 교수의 논리적인 설명은 갑골문과 고대사회사 연구에서 그의 독창성과 정교한 견해를 잘 보여준다 하겠습니다. 그의 책을 읽은 독자들은 감탄이 저절로 나올 것입니다.

허진웅 교수는 대학에서의 강의는 물론 각종 웹 사이트에 연재한 기사 모두 상당히 큰 인기를 끌었습니다. 그의 친구인 양혜남(楊惠南) 교수가 인터넷에서 '은허검객(殷墟劍客, Yinxu Swordsman)'이라는 필명으로 '은허서권(殷墟書卷, Yinxu Book Scroll)'이라는 블로그를 개설하도록 독려했으며, 네티즌의 빗발치는 요구에 따라 133개 한자의 창제의미와 자형 간의 의미를 설명하기도 했습니다. 이러한 글들은 섭렵된 내용이 광범위할 뿐 아니라 또 재미있고 말랑말랑하게 쓴 글이어서 독자들의 큰 반향을 얻었습니다.

'유래를 품은 한자' 시리즈는 허진웅 교수의 저작 중 가장 특별한 책입니다. 그 이유 중 첫 번째는 이 총서가 체계성을 가지고 전체적으로 설계되었기도 하고 또 동물, 전쟁과 형벌, 일상생활, 기물 제작, 인생과 신앙 편 등으로 나뉘어져 있어 독자들이 주제별로 고대한자와 고대사회의 삶의 관계를 이해할 수 있기 때문입니다. 두 번째는 이 책이 국내에서는 대중들을 위해 중국의 철학, 인류학 및 사회학 연구를 융합한 최초의 한자학 총서이기 때문입니다. 세 번째는 허진웅 교수가 국내외의 존경받는 한자학자임에도 불구하고, 세상과 단절된 상아탑의 강의실에서 벗어나 독자들에게로 다가갈 수 있게 간략하면서도 흥미롭게 한자를 기술하였기 때문입니다. 이 시리즈는 엄격한 학문적 연구와 텍스트 연구를 통한 결과물이며, 고상함과 통속성이라는 두 가지 토끼를 모두 잡을 수 있도록 해주고 있습니다. 이 저작을 통해 한자에 대한 흥미로운 면면을 다시 인식하게 만들 것이라 믿습니다.

아울러 허진웅 교수의 학문적 성취와 업적들을 모든 독자들이 신뢰할 수 있을 것이라 확신합니다.

추천의 글

수많은 이야기를 담은 한자,
『유래를 품은 한자』에서 그 이야기들을 가장 깊고 넓게 풀어내다!

하대안(何大安)
(대만중앙연구원 원사, 언어학연구소 전 소장)

저는 『유래를 품은 한자』를 읽은 소감을 두 문장으로 요약하고자 합니다. 첫 번째 문장은 '한자는 수많은 이야기를 담고 있다.'입니다.

이렇게 말할 수 있는 이유가 뭘까요? 한자의 특색에서 그 대답을 찾을 수 있을 것입니다. 혹자는 문자가 그림문자에서 표의문자로 발전하며, 다시 표의문자에서 표음문자로 발전한다고 주장합니다. 이렇게 '그림에서 시작하여 음성으로 끝난다.'라는 견해는 일부 표음문자의 발전과정이라 해석할 수 있는데, 그것은 말을 음성으로 내뱉는 것에서 그 근원을 두고 있습니다. 그러나 이 문자에 내재된 정보의 질과 양으로 따지자면, 이러한 문자는 '소리'와 그 '소리'로 인해 우연히 생기는 연상 외에는 아무 것도 없습니다. 문자는 극도로 발전하면 절대적인 부호가 되어, 어떠한 문화도 담지 않은 깨끗한 상태와 순수 이성의 기호체계가 됩니다. 이러한 문자에는 문화가 축적된 모든 흔적이 없어졌고, 문명의 창조에서 가장 귀중한 정수인 인문성도 사라졌습니다. 이는 옥을 포장하기 위해 만든 나무상자만 사고 그 속의 옥은 돌

려준다는 매독환주(買櫝還珠)와 다를 바 없어, 매우 안타까운 일이 아닐 수 없습니다.

다행스럽게도 한자는 이러한 인문성을 가지고 있으면서, 수천 년 동안 끊임없이 성장하고 발전해왔습니다. 이렇게 '성장하는 인문정신'은 한자의 가장 큰 특징에 그 근원을 두고 있습니다. 이 특징은 독자들이 예상 못한 것일 수 있습니다. 바로 '사각형 속의 한자'입니다.

한자는 네모난 글자입니다. 지금으로부터 4~5천 년 전 반파(半坡), 유만(柳灣), 대문구(大汶口) 등 유적지에서 발견된 한자의 최초 형태라고 인정된 부호들을 보아도 이미 가로세로에 순서가 있으며 크기도 거의 비슷한 '네모난 글자'였습니다. '네모'났기 때문에 이들과 다른 그림문자, 예를 들면 고대 이집트 문자와는 처음부터 전혀 다른 발전 경로를 걷게 되었습니다. 이집트 문자는 '한 장의 그림으로 된' 표현들입니다. '한 장'에서 하나의 그림을 구성하는 각각의 구성성분들은 명확하게 독립된 지위가 없으며, 단순한 부속품으로 존재할 뿐입니다. 한자의 '사각형'은 원시 그림의 구성성분들을 추상화시켜 독립하여 나온 것입니다. 하나의 네모난 글자는 독립된 개념을 나타내며, 서술의 기본 단위가 됩니다. 고대 이집트 문자의 구성성분에서 최종적으로 '단어'가 된 것은 매우 드물며, 대부분 의미가 없는 음표 기호가 되었습니다. 한자에서 각각의 네모는 모두 독립된 '단어'가 되었으며, 자기만의 생명력과 역사성을 지닙니다. 그러므로 '사각형'은 '그림'을 추상화시킨 결과입니다. '구상'에서 '추상'으로, '형상적 사유'에서 '개념적 사유'로의 발전은 문명을 더욱 높은 경지까지 끌어올리는 것이며, 인문정신을 널리 펼치는 것입니다.

그래서 한자의 숫자는 가장 기본적인 개념의 숫자와 동일합니다. 이것이 '한자에 이야기가 많다.'고 말한 첫 번째 이유입니다. 한자의 전승은 수천 년 동안 가차와 파생을 거쳐 다양한 개념과 의미, 사용 과정에서의 변화를 만들어냈습니다. 그리하여 각각의 글자에 모두 자신만의 변천사를 가지고 있습니다. 이것이 '한자에 이야기가 많다.'고 말한 두 번째 이유입니다.

세 번째 '많음'은 누가 말한 이야기인지와 관련 있습니다. 조설근(曹雪芹)이 말한 『홍루몽(紅樓夢)』에는 이야기가 많습니다. 포송령(蒲松齡)이 말한 『요재지이(聊齋志异)』에도 이야기가 많습니다. 한자는 문화의 역사를 반영하고 있습니다. 성곽이나 도읍과 관련된 것들은 고고학자가 말할 수 있고, 종이나 솥이나 제기와 관련된 것들은 대장장이가 말할 수 있으며, 새와 들짐승과 벌레와 물고기와 관련된 것들은 생물학자가 말할 수 있으며, 생로병사와 점복과 제사와 예악과 교화와 관련된 것들은 의사나 민속학자나 철학자들이 말할 수 있습니다. 그러나 수많은 한자를 모아 하나의 체계를 완성하고 정밀함을 다하며, 한자에 담긴 수많은 이야기들을 풀어낼 수 있는 사람은 누구일까요? 제가 읽었던 비슷한 작품 중에서 『유래를 품은 한자』의 저자인 허진웅 교수만이 그렇게 할 수 있을 것입니다. 그러므로 제가 말하고 싶은 두 번째 문장은 다음과 같습니다. '『유래를 품은 한자』에서 옛 이야기들을 가장 깊고 넓게 풀어내고 있다.'고 말입니다.

추천의 글

이 책은 한자문화의 유전자은행이다.

임세인(林世仁)
(아동문학작가)

십여 년 전, 제가 갑골문의 탄생에 흥미를 가졌을 때, 세 권의 책이 저를 가장 놀라게 하였습니다. 출판 순서에 따라 나열하면, 허진웅 교수의 『중국고대사회(中國古代社會)』, 세실리아 링퀴비스트(Cecilia Lindqvist)의 『한자왕국(漢字王國)』(대만에서는 『한자 이야기[漢字的故事]』로 이름을 바꿨다. 한국어 번역본, 김하림.하영삼 옮김, 청년사, 2002), 당낙(唐諾)의 『문자 이야기[文字的故事]』입니다. 이 세 권의 책은 각각 고유한 방향을 제시하고 있습니다. 즉 『중국고대사회』는 갑골문과 인류학을 결합시켜 '한자그룹'을 통해 고대 사회의 문화적 양상을 구성해내었습니다. 『한자왕국』은 갑골문과 이미지를 결합시키고 사진과 영상과의 대비를 통해 한자의 창의성에 감탄하게 만들었습니다. 『문자 이야기』는 갑골문과 에세이를 결합시켜 한자학을 문학적 감각으로 물들여 놓았습니다.

십여 년 동안, 중국과 대만에서는 『설문해자』의 각종 신판본이 쏟아져 나왔습니다. 그러나 사실 이들은 옛 내용을 새롭게 편집한 것이거나 『한자왕국』이 개척한 길 위에 몰려있는 것이 대부분입니다. 『문자 이야기』의 경우, 장대춘(張大春)의 『몇 글자를 알아보자[認得幾個字]』 등과 같은 몇몇

아류작들이 있지만, 『중국고대사회』는 아직까지 이와 비슷한 저작이 나온 적이 없습니다. 어째서일까요? 이 책은 문자학의 범주에서 벗어나 인류학과 고고학을 결합시키고 여기에다 문헌과 기물과 고고학 자료들로 보충하여, 이미 일반인들이 쉽게 따라할 수 있는 수준이 아니었기 때문입니다.

이번에 허진웅 교수는 관점을 새로이 바꿔, 직접 한자 자체를 주인공으로 한 『유래를 품은 한자』 시리즈를 통해 독자와 다시 만납니다. 일곱 권이 한 세트로 된 이번 시리즈는 '한 권이 하나의 주제'로 되어 있으며, 독자를 '각 글자들이 담고 있는 세계'로 데려다 주어 옛 사람들이 글자를 만든 지혜를 보고 한자 뒤에 숨겨진 문화의 빛을 보게 합니다.

옛 사람들은 글자를 만들면서 그 글자에 대한 설명을 남기지 않기 때문에, 후대 사람들은 글자를 보고 각자의 능력에 따라 그 어원을 되짚을 수밖에 없었습니다. 허진웅 교수의 장점은 일찍이 박물관에 재직하면서 갑골을 직접 정리하고 탁본한 경험을 가지고 있다는 점입니다. 이로 인해, 그는 고서를 통해서 옛것을 고증하는 일반 문자학자의 훈고학 틀을 벗어날 수 있었습니다. 또한 그는 박물관에서 넓힌 시야를 통해, 신중하게 증거를 찾는 능력과 대담하게 가정하는 용기를 갖게 되었습니다. 이 부분이 제가 가장 존경하는 부분입니다.

예를 들어, 그는 갑골을 불로 지지기 위해 판 홈인 찬조 형태를 가지고 복사의 시기를 알아내었고, 갑골문과 쟁기의 재질을 통해 상나라 때 이미 소로 밭을 가는 우경이 이루어졌음을 밝혀내었습니다. 또 기후의 변화로 인해 코끼리나 코뿔소나 해태와 같은 동물들이 중국에서 자취를 감추게 된 원인도 해석하였습니다. 거(去, 㚜)자를 '대변을 보는 것'에서 영감을 얻어 만들었다고 해석한 것은 사람들의 눈을 번쩍 뜨이게 하는 부분입니다. 그래서 이 시리즈는 진부한 말들을 나열한 것이 아니라 '허진웅 교수만의 특색'이 담긴 책인 것입니다.

한자학을 모른다 해도, 갑골문을 보면 흥미가 일어납니다. 사람이 성장하듯 한자도 성장합니다. 성장한 한자는 어릴 때와는 많이 다릅니다. 예를 들어, 위(爲)자는 원래 사람이 코끼리의 코를 끌고 있는 모습(🐘)으로, '하다'라는 뜻을 가지고 있습니다(나무를 옮기러 가야 했을 것입니다). 축(畜: 가축)자는 의외로 동물의 창자와 위의 모습(🔗)인데, 우리가 평소에 먹는 내장은 모두 가축으로 기른 동물에서 나온 것이기 때문에 이런 뜻을 갖게 되었습니다. 금문에서 함(函, 🏹)자는 밀봉한 주머니에 화살을 거꾸로 넣은 모습이기에, 이로써 '포함하다'라는 의미가 생겼습니다. 이러한 것들은 사람들에게 '한자의 어린 시절을 보는'듯하여 놀랍고도 기쁜 마음과 큰 깨달음을 안겨 줍니다.

이 시리즈에 수록된 모든 한자들에는 갑골문이나 금문의 자형들이 나열되어 있어, 마치 한자의 그림판을 보는 것 같습니다. 예를 들어 록(鹿)자는 한 무리가 줄지어 서 있는 모습인데 보기만 해도 정말 귀엽습니다. 또 어떤 글자는 해서체는 익숙하지 않다 해도, 갑골문이 상당히 흥미로운 경우가 있습니다. 바로 공(龏)자가 그렇습니다. 이 글자는 거의 아는 사람이 없을 것입니다. 그런데 이 글자의 금문 자형을 보면 '두 손으로 용을 받쳐 들고 있는 모습'으로 신비롭고 환상적이기까지 합니다. 이러한 글자들이 많기 때문에, 이들의 갑골문을 보는 것만으로도 독특한 경험이 될 것입니다.

저도 최근 몇 년 동안 흥미로운 한자들을 정리하여 어린 독자들에게 소개하기 시작했습니다. 언제나 제 책상머리에 있는 책이 바로 허진웅 교수의 책이었습니다. 비록 어떤 뜻풀이에 관한 지식이 저에게는 '흰 것은 종이요, 검은 것은 글자'처럼 어렵기도 하지만, 글자를 만드는 창의성과 그 속에 내포된 문화를 보는 재미를 방해하진 못했습니다.

한자는 중국문화의 유전자로, 『유래를 품은 한자』 시리즈는 대중을 향한 유전자은행이라고 할 만합니다. 일찍이 진인각(陳寅恪) 선생께서는 "글자 하나를 해석하는 것은 한 편의 문화사를 쓰는 것이다."라고 하였는데, 이 시리즈가 바로 이 말의 발현이자 예시라고 하겠습니다.

추천의 글

한자에 담겨진 이야기, 세상의 모든 것을 꿰뚫다!

오경문(吳瓊雯)
(대북시 시립송산(松山)고급농공업직업학교 국어교사)

대만대학교의 공동강의실은 중문과 대학원에 다니던 제가 처음으로 갑골문을 배운 곳입니다. 흔들흔들 거리는 조명의 강의실에서 갑골탁본의 찬 조형태를 설명하시는 허진웅 선생님의 모습, 그리고 그림 같기도 또 부호 같기도 한 선조들이 사용한 한자가 아직도 기억에 아련합니다.

저는 선생님께서 설명하신 글자 중에서 곡(哭)(갑골문의 자형❶)자를 제일 좋아합니다. 두 개의 입이 동시에 울고 있는 것 같고, 가운데에는 산발한 사람이 서 있습니다. 이후에 자형이 잘 못 바뀌게 되면서 개 한 마리와 두 개의 입으로 구성되었습니다.(소전의 자형 哭)

❶

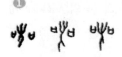

저희 집에도 개 두 마리를 키우고 있고, 저는 정말 개를 좋아합니다. 그렇지만 속설에 두 마리의 개를 키우는 것은 불길할 수 있다고 하는데, 그 근거가 되는 글자가 바로 이 곡(哭)자입니다. 해서체의 곡(哭)자는 두 개의 입[口]과 개[犬]로 보입니다. 다행히도 출토된 문물에서 곡(哭)자가 매우 분명하게 그려져 있고, 또 선생님께서 이처럼 명확하게 해석해 주신 덕분에, 저는 안심하고 두 마리의 개를 키우고 있습니다.

이후에 저는 송산(松山)농공업학교에서 교직을 맡게 되었습니다. 한번은 고대어인 "닭, 새끼돼지, 개, 성체돼지 등과 같은 가축(雞豚狗彘之畜)"을 설명하면서 체(彘)에 대한 선생님의 해석이 생각났습니다. 이 글자는 멧돼지를 그린 것(갑골문의 자형 ✦, 소전의 자형 ✦)인데, 위쪽은 머리, 아래쪽의 좌우는 발굽, 중간은 화살의 형상으로, 사람에게 포획된 모습을 나타내었습니다. 저는 선생님의 해석을 학생들에게 알려주었고, 이렇게 한자를 이해시키는 방식을 교육에 자주 활용하였습니다. 제 학생 중 왕율신(王聿晨)은 고대어를 읽는 게 즐거워졌다고 말합니다. 고대어는 정말 기묘합니다. 아주 간단한 한자 한 자가 놀랍게도 한 단어, 심지어 한 구절의 의미도 가질 수 있습니다.

선생님의 가르침으로 인해, 저는 문자 속에 일, 이치, 감정이 풍부하게 담겨있음을 이해하게 되었고, 제 자신의 공부는 물론 학생들을 가르치는 과정에서 한자를 인식하고 해석하는 일이 정말 재밌어졌습니다. 어떤 글자들은 글자를 창제한 사람이 그 글자에 부여한 의미 말고, 저의 삶에 추억과 이야기를 만들어주었습니다.

선생님의 책은 수많은 한자들을 모으고 정리해서 해석한 것으로, 그야말로 '글자마다 유래가 있는' 것들입니다. 각각의 글자에 정말 풍부한 의미가 담겨 있어, 윌리엄 블레이크(William Blake)의 시 「모래 한 알(A Grain of Sand)」에서 노래한 "고운 모래 한 알 속에서 하나의 세계를 보네, 한 송이

들꽃 속에서 천국을 보네.(To see a world in a grain of sand, And a heaven in a wild flower.)"라는 두 문장은 "한 글자에 하나의 이야기가 존재한다."라고 덧붙여 말할 수 있을 것입니다. 하늘과 땅 사이에 존재하는 온갖 사물들은 모두 저마다 정해진 위치가 있습니다. 독자들께서 선생님의 이 책을 읽으면서 알게 되는 것은 한자만이 아닐 것입니다. 바로 세상만물의 일, 이치, 감정도 함께 느낄 수 있을 것입니다.

선생님의 책이 계속 간행되어 모든 한자들이 하나하나 다 해석되길 기대합니다. 어쩌면 일부 한자는 어떤 사람의 삶에서 글자의 의미와 연결되어, 글자와 그 사람의 이야기가 발전하여 이어져나갈 것입니다.

서문

한자의 변화에는 관찰할 수 있는 흔적이 숨어 있다.
한자의 융통성과 공시성(共時性)

허진웅(許進雄)

저는 캐나다의 로열 온타리오 박물관에서 은퇴한 후 대만으로 다시 돌아와 대학의 중국학과에서 강의를 했는데 사실은 이미 정규직을 은퇴한 상태였습니다. 원래는 먹고 노는 재밋거리로 시작하였기에 아무런 스트레스도 없었습니다. 그런데 저의 친구인 황계방(黃啟方) 교수가 뜻하지도 않게 필자를 『청춘공화국』이라는 잡지에 추천하여 청소년들을 대상으로 한자에 담긴 창의적 생각을 매월 한 편씩의 글로 쓰게 하였습니다. 처음에는 이 일이 매우 간단하고 쉬운 일인 줄 알았습니다. 그러나 몇 편의 글이 나가자 뜻밖에도 풍계미(馮季眉) 회장께서 같은 성격의 대중적인 한자학 총서를 저술하여 고대한자와 관련된 사회적 배경을 범주별로 소개하는 게 어떻겠느냐고 제안했습니다.

필자는 일찍이 『중국고대사회』(한국어 번역판, 홍희 역, 동문선, 1991)를 출판한 적이 있습니다. 이 책도 한자를 관련 주제와 범주로 나누어 고대 중국 사회의 몇몇 현상에 대해 논의하고, 관련 고대 한자를 소개하였기에, 이를 바탕으로 새로운 자료를 추가하고 재편집한다면 대체로 기대에 부응할 수 있을 것이라고 생각했습니다. 그래서 선뜻 동의해버리고 말았습니다. 지금 그 첫 번째 책이 완성되었으므로, 이 기회를 빌려 '한자가 갖고 있는 융통성과 공시성'을 이 책을 읽기 위한 지침으로 활용하고자 합니다.

중국은 아주 이른 시기부터 문자를 가지고 있었습니다. 처음에는 죽간(竹簡)을 일반적인 서사 도구로 사용했는데, 이러한 죽간은 오랜 세월 동안 땅속에서 보존되기가 쉽지 않기에 발견될 때 이미 부식되고 썩어버렸습니다. 그래서 지금 볼 수 있는 것들은 거북이 껍질 또는 짐승의 어깻죽지 뼈에 새겨진 갑골문이나 일부 주조된 청동기에 새겨진 명문들과 같이 모두가 잘 썩지 않는 재료들입니다. 갑골문자가 절대 다수를 차지하였기 때문에 모두 갑골문이라는 이름으로 상 왕조의 문자를 통칭합니다. 상 왕조의 갑골문의 중요성은 하나는 그 시기가 이르다는 것이고, 다른 하나는 수량이 많아서 한자의 창의성을 탐구하는 데 없어서는 안 될 자료라는데 있습니다. 이와 동시에, 그것들은 상 왕실의 점복 기록으로, 상나라 왕 개인은 물론이고 나라를 다스리면서 마주했던 여러 가지 문제를 포함하고 있기에, 상나라 최고 정치 결정과 관련된 진귀한 제1차 사료이기도 합니다.

상 왕조의 갑골문에서 한자의 자형 구조는 그림의 단순화, 필획의 수 또는 구성성분의 배치 등에 제한을 두지 않고 의미의 표현에 중점을 두었습니다. 그래서 자형의 변이체가 다양하게 존재합니다. 예컨대, 물고기를 잡는다는 뜻의 어(魚)자를 갑골문에서는 ❶(물속에서 물고기가 헤엄치는 모습), ❷(낚싯줄로 물고기를 낚는 모습), ❸(그물로 물고기를 잡는 모습) 등 창의적 모습으로 다양하게 표현하고 있습니다.

또 다른 예로는, 출산을 뜻하는 육(毓)(=育)자의 경우, 갑골문에서 두 가지 다른 독창적인 구조가 보입니다. 하나는 임산부가 피를 흘리며 아기를 낳는 모습이고❹, 다른 하나는 아기가 이미 자궁 밖으로 나온 모습(㖽, 릃) 입니다. 앞의 자형의 경우도 다시 어머니가 머리에 뼈로 만든 비녀를 꽂았는지(毓) 그러지 않았는지(毓)의 구분이 존재합니다. 심지어 자형이 대폭 생략되어 여성이 남성처럼 보이기도 했으며(毓), 심한 경우에는 아이를 낳는 여성을 아예 생략해 버린 경우도 있고, 또 어떤 경우에는 한 손으로 옷을 잡고서 신생아를 감싸는 모습(毓)이 그려지기도 했습니다.

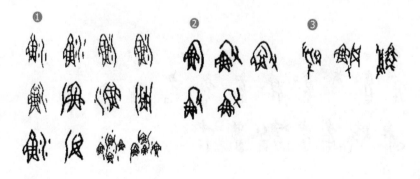

게다가 아기가 자궁 밖으로 미끄러지는 자형의 경우에도 두 가지의 위치 변화가 존재합니다. 그러나 육(毓)(=育)자의 자형에 많은 변화가 있었다고 해도 이 글자가 표현한 창제의미만 이해한다면 이들 이체자에 대한 이해는 충분히 가능합니다.

　　갑골문은 절대 다수가 칼로 새긴 것이기 때문에, 그 영향을 받아서 둥근 필획은 종종 네모나 다각형의 모양으로 새겨집니다. 이 때문에 그림에 가까운 청동기의 명문만큼 흥미롭지는 않습니다. 예컨대, 어(魚)자의 경우, 초기 금문⑤의 자형이 갑골문보다 훨씬 사실적입니다. 상나라 때의 갑골문자는 2백여 년 동안의 상나라 왕실의 점복 기록입니다. 그래서 사용 환경과 장소가 제한적이며 사용 기관도 특정적입니다. 그 때문에 각 시대의 서체 스타일 특성은 비교적 쉽게 이해할 수 있습니다. 그리고 시기 구분에 대한 엄격한 표준도 이미 마련되어 있어, 각각의 갑골 편에 대한 시대를 결정하는 것은 어렵지 않습니다. 이러한 점은 한자의 변화 추이와 제도 및 관습의 진화 등과 같은 다양한 문제를 탐구하는 데 매우 편리하고 유익합니다.

모든 민족의 언어는 발생에서 지금까지 줄곧 천천히 변화해 왔습니다. 알파벳 체계를 사용하는 문자의 경우, 종종 언어의 변화를 반영하기 위해 철자법을 변경하는 바람에 고대부터 현대에 이르기까지 언어의 여러 단계가 전혀 관계없는 완전히 다른 언어처럼 보이게 되었습니다. 발음의 변화는 개별 어휘에 반영될 뿐만 아니라 때때로 문법 구조를 변화시키기 때문에, 같은 언어 체계의 여러 방언이 의사소통을 할 수 없을 정도로 완전히 다른 경우도 있습니다. 그래서 특별한 훈련 없이는 1백년만 지난 문자라 해도 전혀 이해할 수가 없습니다. 그러나 중국의 한자는 글자와 어휘의 발음과 외형이 크게 바뀌었지만 수천 년 전의 문서라 하더라도 그것을 읽어내는 것은 어렵지 않습니다. 이것이 한자의 큰 특징 중의 하나입니다. 이러한 특징은 고대의 중국 문화에 관심 있는 사람들에게 큰 편의를 제공해 줍니다.

서구 사회가 알파벳의 길을 택한 것은 분명 그 언어의 본질에 영향을 받았을 것입니다. 서구 언어는 다음절 시스템에 속하여 몇 가지 간단한 음절을 조합하여 다양한 의미의 어휘를 쉽게 만들 수 있습니다. 음절이 많고 가능한 조합이 다양하기 때문에 여러 음절을 사용하여 오해 없이 정확한 의미를 표현할 수 있습니다. 이것이 서구어의 장점이자 편리한 점입니다. 그러나 중국어는 단음절에 치중되어 있어 발화할 수 있는 음절이 제한되어 있습니다. 만약 많은 단음절로 된 음표 기호로써 의미를 표현할 경우 의미가 혼동되는 문제에 직면하기 때문에, 알파벳의 길을 걷지 않고 지금처럼 의미를 표현하는 형태로 자연히 발전할 수밖에 없었습니다.

한자는 음성기호를 사용하여 의미를 나타내지 않기 때문에, 글자의 형체 변화는 언어의 진화와 직접적으로 관련이 없습니다. 예를 들어, 대(大)자를 진(秦)나라 이전 시대에는 /dar/로, 당송 왕조에서는 /dai/로 읽었으며, 오늘날의 표준어에서는 /da/로 읽습니다. 또 목(木)자의 경우, 진(秦)나라 이전 시대에는 /mewk/으로 읽었고, 당송 왕조에서는 /muk/으로 읽었으며, 오늘날에는 /mu/로 읽습니다.

자형을 보면, 옛날을 뜻하는 석(昔)자의 경우, 갑골문에서는 ❻과 같이 표현했는데, 홍수를 걱정거리로 생각하던 시절이 이미 '지난날'의 일이 되었다는 의미입니다. 상나라 후기에 이르면 홍수를 제어하는 기술이 향상되어 홍수가 더 이상 주요 재난이 아니게 되었으므로, 석(昔)이 이제는 지나가버린 '과거'의 시간대를 표현하는 데 사용되었던 것입니다.

주나라 때의 금문(金文)의 경우에도 ❼처럼 다양한 형상이 표현되고 있습니다. 진(秦)나라에서 한자가 통일되고, 소전(小篆)이 고정된 자형(昔)이 됩니다. 한나라 이후에는 더욱 진일보하게 필세를 바꾸어 예서(隸書)와 해서(楷書) 등이 등장하여 지금의 석(昔)자가 되었습니다.

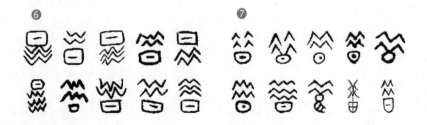

수천 년 동안 한자는 그림과 같은 상형 문자에서 지금처럼의 매우 추상적인 구조로 진화했지만, 자형의 진화는 추적 가능하고 약간의 훈련만으로도 인식해낼 수가 있습니다. 융통성과 공시성은 한자의 가장 큰 특징입니다. 개별 한자에는 수천 년에 걸친 글자 형태에 대한 모든 종류의 변화가 포함되어 있을 뿐만 아니라, 수천 년 동안 각기 다른 시대와 다른 지역에서 존재했던 다양한 독음 정보도 내포되어 있습니다. 약간의 연구만으로, 우리는 상나라 이래로 3천년 이상 이어진 문헌을 읽어낼 수 있습니다. 뿐만 아니라 당(唐)나라에서 그 단어들이 어떻게 발음되었던지 상관없이 그들이 쓴 시를 이해할 수도 있습니다.

마찬가지로, 지역이 다른 방언은 서로 대화할 수는 없었지만, 그 시대의 문자 형상은 일치했기 때문에 글을 써서 서로 소통할 수 있었습니다. 중국은 영토가 넓고, 지역도 종종 큰 산과 강으로 막혀 있으며 민족도 매우 복잡하지만, 공통된 인식을 가지고 있으면서 식별 가능한 그룹으로 융합될 수 있는데, 이러한 특별한 언어적 특성이 중요한 요소인 건 분명합니다. 한자는 겉보기에는 매우 복잡하여 배우기 어려워 보이지만 실제로 한자를 만들 때는 일정한 규칙이 존재하여 유추가 가능하고 일관된 논리를 가지고 있으므로 억지로 외울 필요가 없습니다. 특히 한자의 구조는 끊임없이 변화하여 필획은 우아하고 아름다우며 스타일은 독특합니다. 이로 인해, 알파벳 필기 시스템의 문화와 비교할 수 없는 높은 수준의 독특한 서예 예술을 형성하게 되었습니다.

세계의 오래된 고대 문명에서 존재한 표의문자는 그 시대의 사회적 모습을 이해할 수 있게 해줍니다. 이러한 문자들은 회화성이 매우 강하기 때문에 당시에 존재했던 동물과 식물뿐만 아니라 사용된 도구에 대해서도 정보를 제공해줄 수 있습니다. 또한 종종 문자를 만들 당시의 구상과 이를 통해 의미를 표현하고자 했던 사물의 정보를 엿볼 수 있게 해 줍니다. 한 글자의 진화 과정을 추적할 때 때로는 고대 기물의 사용 정황, 풍속과 관습, 중요한 사회 제도, 가치 개념과 수공예의 진보 등과 같은 여러 가지 흔적을 살펴볼 수 있습니다. 서구의 초기 문자에서는 음절로 언어를 표현하는데 치중했기 때문에 이미지로 표현한 글자가 매우 적습니다. 이 때문에 고대 사회의 동태를 탐구하는 데 사용할 수 있는 자료가 거의 없습니다. 그러나 중국의 경우 언어의 주체가 단음절이므로 동음어 간의 혼동을 피하기 위해 형상을 통해 추상적인 개념을 표현했고, 생활의 경험과 연관성을 사용하여 문자를 만들었습니다. 이 때문에 한 글자의 창제의미를 이해하기만 하면 글자 창조 당시의 사회적 배경과 삶의 경험을 상당 부분 이해할 수 있습니다.

선조들의 곡식

인간은 음식을 먹어야만 살 수 있다. 그렇기에 음식을 발견하고 생산하는 일은 인간에게 가장 중요한 활동이었다. 제일 처음 음식은 허기를 채우고 배불리 먹을 수 있느냐가 관건이었다. 그러다가 점차 맛있는 것을 원하게 되었고, 결국에는 영양, 식사 분위기, 식사 예절 등 더욱 높은 단계까지 따지게 되었다.

지역과 시대에 따라 사람들의 식습관은 각기 다르다. 식습관은 지리적 환경, 생산기술, 인구 압력 및 문명의 발전 척도에 따라 좌우된다. 따라서 식습관은 문화와 사회를 구분하는 좋은 잣대가 된다. 식습관을 보면 사회의 발전 정도와 수준을 대략적으로 알 수 있다.

농업사회에서 사람들은 아침 일찍부터 밭에 나가 일을 해야 했기 때문에 체력 소모가 상당히 심하였다. 그래서 푸짐한 음식으로 에너지를 보충해야 했으므로 아침 식사가 가장 중요했다. 그러나 상공업사회에서는 일을 시작하는 시간이 늦은 편이고 에너지 소모도 적은 편이었기 때문에 아침 식사량이 많을 필요가 없었다. 오히려 밤에 가족들이 모여 활동하는 일이 많아졌으므로 점차 저녁 식사가 가장 풍성해지게 되었다.

음식물을 저장할 수 없던 시대에 여름에는 육류가 부패하기 쉬워, 도축을 삼가고 식물성 식품을 더 많이 섭취해야 했다. 식품의 냉장 기술이 발전하기 시작하면서, 여름철에 육류 음식이 부패하는 것을 걱정할 필요가 없게 되었고, 일부 과일과 채소는 겨울까지 저장할 수 있게 되었다. 그래서 겨울과 여름에 섭취하는 음식의 종류가 현저히 차이 나는 현상도 개선되었다.

고대 사람들이 어떤 음식을 먹었는지 알아보려면 고고학이 가장 직접적인 수단이 된다. 그러나 음식물이 지하에 남아있는 경우는 거의 없다. 오늘날 영장류들이 주로 식물성 음식을 섭취하는 것으로 보아, 초기 유인원도 예외가 아닐 것으로 추정된다. 오스트랄로피테쿠스의 치아에 대한 고고학적 연구를 보면 지금으로부터 5백50만년에서 70만 년 전에 동물성 음식을 먹기 시작했다는 것을 알 수 있다. 그러나 농업이 성업하기 전까지 사람들은 어업과 수렵 위주가 아닌, 주로 채집을 하면서 생활하였고, 채집한 식물은 건과와 과일이 대부분이었다. 어업과 수렵의 종류를 살펴보려면, 어류와 동물의 뼈는 쉽게 부패하지 않아 현재까지 남아 있는 경우가 많으므로 대략적으로 알 수 있다.

1만여 년 전, 사냥 기술이 계속해서 좋아지면서 덩치 큰 야생동물의 상당수가 인간들의 먹잇감이었다. 상나라 이전에는 원숭이, 돼지, 소, 양, 사슴, 노루, 코뿔소, 코끼리, 개, 호랑이, 곰, 담비, 족제비, 오소리, 수달, 고양이, 너구리, 쥐, 표범 등을 주로 사냥을 했다. 그러나 수렵만으로 충분히 음식을 공급할 수 없을 정도로 인구가 증가하게 되자, 사람들은 적극적으로 농업을 발전시켰고, 그로 인해 점점 더 식물성 음식에 의존하게 되었다.

농업이 발달하고 나서, 돼지, 소, 양, 개 등과 같은 가축 말고, 자주 사냥되는 야생동물은 대체로 농사에 방해가 되는 사슴과 노루 등 몇 개에 불과했다.

인류가 섭취한 음식의 변화를 살펴보려면 멕시코의 테후아칸(Tehuacan) 계곡을 예로 들 수 있다. 8천7백5십년에서 6천9백5십년 전, 농업이 막 발달하기 시작했을 때 멕시코의 테후아칸 계곡에서는 사람들이 대략 육류 54%, 야생식물 41%, 재배작물 5%의 비율로 음식을 섭취하였다. 농업을 경영하면서, 4천2백5십년 전까지 그 비율은 30%, 49%, 21%였다가, 1천2백5십년 전까지는 18%, 17%, 65%가 되었다. 확실히 육류의 양은 서서히 감소하였고,

경작 작물의 양은 서서히 증가하였다.

이러한 음식 섭취의 변화 과정은 중국에서도 비슷한 상황으로, 어업과 수렵에서부터 다양한 곡물 재배 방법을 점차적으로 알기까지 가장 대표적인 곡물을 오곡이라고 불렀다.

곡물은 인공으로 재배한 야생 식물의 변종이다. 역사적으로 곡물은 인류의 생명을 유지하는 가장 기본적인 음식이었다. 곡물에는 서로 다른 종속이 있어서 여러 환경에서 재배될 수 있다. 처음에는 종류가 매우 많아 백곡이라고 불리기도 하였다. 이후에 경제적 가치가 더 있거나 맛이 좋은 품종들을 사람들이 보관하기 시작하면서, 그 밖의 품종들은 점차적으로 없어져 9종, 8종, 6종, 5종 등으로 줄어들었다. 다섯이라는 숫자는 진(秦)나라, 한나라 때 오행설의 영향을 받아 일상에서 먹는 곡식을 통합하는데 사용되어, 오곡이 한나라 때 이후로 곡물의 통칭이 되었다.

어떤 5종의 곡물이 중국에서 가장 대표적인 작물인지에 대해서는 지역별로 재배되는 종류가 다르고 중시되는 정도도 다르기 때문에 의견이 엇갈린다. 일반적으로 기장, 피, 쌀, 보리, 콩을 오곡으로 하지만 마도 오곡에 많이 포함된다.

001 **밥 식**

食 食

shí

갑골문에서 식(食)자❶는 식기 위에 김이 모락모락 나는 음식과 뚜껑이 달려 있는 모습이다. 어떤 자형에서는 수증기가 식은 후에 물방울로 변해 떨어지는 모습이 그려지기도 했다.

금문에서 식(食)은 食으로 그렸는데, 식기의 두루마리 발 획이 아래로 뻗어 있어 소전에서 형체가 더 바뀌었다.

『설문해자』에서는 식(食)에 대해 이렇게 말했다.

"식(食)은 쌀을 모은 모습이다. 조(皀)가 의미부이고, 집(亼)이 소리부이다. 혹자는 집(亼)과 조(皀)로 구성되었다고 말한다. 식(食)으로 구성된 글자들은 모두 식(食)이 의미부이다."(食, 亼米也. 从皀, 亼聲. 或說亼·皀也. 凡食之屬皆从食.)

허신은 조(皀)가 의미부, 집(亼)이 소리부이거나 혹은 집(亼)과 조(皀)로 구성된 것으로 분석하였다.

❶

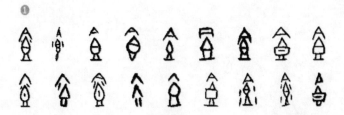

또 『설문해자』에서는 조(皀)에 대해 이렇게 풀이했다.

"조(皀)는 곡식의 향기를 말한다. 훌륭한 곡물이 포대 속에 든 모습이
며, 숟가락으로 그것을 떠낸다. 혹자는 조(皀)가 곡식의 낱알을 그린 것
이라고 하기도 한다. 조(皀)로 구성된 글자들은 모두 조(皀)가 의미부이
다. 또 향(香)과 같이 읽는다."(皀, 穀之馨香也. 象嘉穀在裹中之形, 匕
所以扱之. 或說皀, 一粒也. 凡皀之屬皆皀. 又讀若香.)

허신은 숟가락으로 낱알을 껍질에서 꺼내는 모습이라고 설명하였다. 그
런데 숟가락의 기능은 국에서 반찬을 건져 올리는 것이므로, 낱알을 껍질에
서 꺼내는 것은 불가능하다. 『설문해자』에서는 늦게 출현한 잘못된 자형에
근거하였기에, 이 글자의 진정한 창제의미를 짐작하기가 쉽지 않다.

음식에 뚜껑을 씌우는 것은 주로 먼지나 이물질이 떨어지는 것을 방지
하거나 보온을 유지하기 위해서이다. 궤(簋)는 원래 밥을 담는 기구인데, 서
주 중기 이후에는 가끔 두루마리 발아래에 다시 세 개의 보조다리를 더 한
경우가 있었다. 용기의 바닥에 있는 그을음 자국으로 보아, 음식을 익히고
나서 열을 가해 보온을 하던 용도였음이 분명하다.

002

벼 화

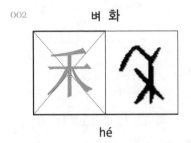

hé

화(禾)는 곡물의 통칭이다. 갑골문에서 화(禾)자❶는 곧은 줄기와 잎과 이삭이 달린 식물의 형상이다. 화(禾)의 모습을 어떤 사람은 기장에 가깝다고, 또 어떤 사람은 벼에 가깝다고 생각하기도 한다.

문자가 창조되는 시기에 중국인들의 주요 활동지역은 북부였다. 이 지역에서는 주로 기장을 재배했으며, 화(禾)로 구성된 회의자도 기장과 같은 작물 위주였기 때문에, 이 화(禾)자는 기장과 같은 작물에서 그 형상을 따온 것이어야 한다.

금문에서도 화(禾)자❷의 형상은 대체로 변하지 않았다.

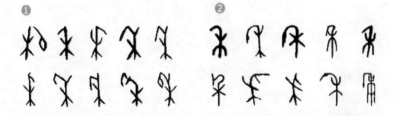

『설문해자』에서는 화(禾)에 대해 이렇게 풀이했다.

"화(禾)는 곡식을 말한다. 2월에 처음 자라나 8월이면 익는다. 4계절의
가운데에 있어 음양의 조화를 이루기 때문에 화(禾)라고 부른다. 화(禾)
는 목(木)에 속한다. 그래서 목(木)의 기운이 왕 노릇을 할 때 자라나
고, 금(金)이 왕 노릇을 할 때 죽는다. 목(木)으로 구성되었고, 곡식 이
삭의 모습을 본떴다. 화(禾)로 구성된 글자들은 모두 화(禾)가 의미부이
다."(, 嘉穀也. 以二月始生, 八月而孰, 得之中和, 故謂之禾. 禾, 木
也. 木王而生, 金王而死. 从木. 象其穗. 凡禾之屬皆从禾)

실제로 벼의 종류는 매우 많고, 생장 기간도 같지 않기 때문에 모두 6
개월이라고 할 수 없다. 그래서 벼의 이름이 반년 동안 자라는 데서 유래했
다고 설명할 필요가 없는 것이다. 갑골문에서 화(禾)자는 "기장을 수확한 해
(受黍年)", "벼를 수확한 해(受稻年)" 등과 같은 표현에 사용되지 않는다.
그러므로 화(禾)는 곡물의 통칭이지, 특정한 곡물을 뜻하는 것이 아니다.

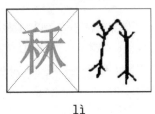

003　　나무 성글 력

lì

두 개의 화(禾)로 구성된 글자를 가지고, 화(禾)자의 모습이 어떤 종류의 식물인지 추측할 수 있다. 갑골문에서 력(秝)(𣎵, 𣎴)은 두 개의 화(禾)가 나란히 놓인 모습이다.

문자가 만들어지는 일반적인 규칙에 따르면, 같은 형체의 글자가 나란히 놓이거나 세 개가 겹치는 모습은 꼭 상형의 의미가 아니라 이 글자가 대표하는 물체의 속성과 관계가 있다. 예를 들면, 두 사람이 나란히 있는 모습은 병(並)이 되고, 세 사람이 나란히 있는 모습은 중(眾)이 된다. 고기가 두 개 있는 모습은 다(多)가 되고, 태양이 세 개 있는 모습은 정(晶)이 되며, 소가 세 마리 있는 모습은 분(犇=奔)이 된다.

『설문해자』에서는 력(秝)에 대해 이렇게 풀이했다.

  "력(秝)은 드문드문 성기다는 뜻이다. 두 개의 화(禾)로 구성되었다. 회의이다. 력(歷)과 같이 읽는다. 력(秝)으로 구성된 글자들은 모두 력(秝)이 의미부이다."(𣎴, 稀疏適, 秝也. 从二禾. 會意. 讀若歷. 凡秝之屬皆从秝)

허신은 이 글자의 의미를 '매우 드물다'라고 해석했다. 『설문해자』에서 력(秝)자 다음에 설명한 력(歷)자의 의미를 고려해 볼 때, 력(秝)자가 벼를 너무 빽빽이 심어서는 안 되고 두 줄 사이에 일정한 간격을 유지해야 한다는 의미에서 만들어졌다는 것을 알 수 있다.

004
지낼 력

歷

lì

갑골문에서 력(歷)자❶는 력(秝)과 지(止)로 구성되어, 발[脚, 止]로 두 줄로 심은 벼[禾, 秝] 사이의 작은 길을 걸을 수 있음을 나타내었다.

간격이 매우 촘촘한 나무숲이나 논에 심는다면, 방해를 받지 않고 통과하기가 어렵다. 게다가 억지로 지나가면 식물의 성장을 방해할 수 있다.

금문의 자형에서 덮개를 하나 더 씌운 력(歷)은 자형이 비슷한 마(麻)자의 영향을 받은 것일 수 있으며, 걷는 발걸음을 뜻하는 지(止)를 뺀 력(秝)은 걷는 모습을 정확하게 표현할 수가 없다.

『설문해자』에서는 력(歷)에 대해 이렇게 풀이했다.

> "력(歷)은 지나가다는 뜻이다. 지(止)가 의미부이고, 력(秝)이 소리부이다."(歷, 過也. 从止, 秝聲.)

허신은 금문의 자형을 통해, 력(秝)의 일부 중요한 포인트를 알아보지 못하고, 형성자라고 표현하였다.

❶

005

기장 서

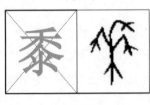

shǔ

갑골문과 선진(先秦)시대의 문헌에 서 가장 많이 나오는 곡물이 기장이다. 갑골문에서 서(黍)자❶는 곧게 세워진 볏짚의 형상이지만, 화(禾)자와는 다르다.

서(黍)자는 잎이 위쪽으로 뻗어 있고 끝 부분에서 아래로 처져 있으며, 갈라진 모습은 더 구체적이다. 이 글자는 항상 물이 있는 형상(黍, 黍)을 포함하고 있다.

학자들은 기장[黍]이 상나라 때 술을 빚는 주된 원료였기 때문에, 물방울이나 물의 형상을 더하여 술을 빚는 용도로 쓰였다는 것을 분명히 표시했다고 여겼다. 식용으로 쓰이는 것은 딱딱한 껍데기 속의 낟알로, 다른 명칭이 있다. 그래서 금문에서도 서(黍)는 한 번만 보이며, 자형은 이미 간소화되었다.

❶

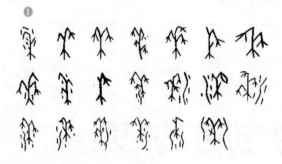

『설문해자』에서는 서(黍)에 대해 이렇게 풀이했다.

"서(黍)는 기장[禾]의 종류에 속하면서 찰진 것을 말한다. 대서(大暑)에
심기 때문에 서(黍)라고 부른다. 화(禾)가 의미부이고, 우(雨)의 생략된
모습이 소리부이다. 공자(孔子)는 기장[黍]으로 술을 빚을 수 있기 때문
에 화(禾)에 수(水)가 들어간다고 했다. 서(黍)로 구성된 글자들은 모두
서(黍)가 의미부이다."(黍, 禾屬而黏者也. 以大暑而種故謂之黍. 从禾,
雨省聲. 孔子曰黍可為酒, 故从禾入水也. 凡黍之屬皆从黍.)

후세에서는 서(黍)를 기장이라고 불렀는데, 찰진 것과 그렇지 않은 것이
있다. 찰지지 않은 것은 일상에서 밥을 짓는 품종이며, 찰진 것은 술을 빚
는 품종이다.

갑골문은 이 두 종류의 자형에 대한 사용의미가 같아서 찰진 것과 찰지
지 않은 것의 구별이 없다. 『설문해자』에서 서(黍)는 찰진 품종의 명칭이며,
원래 있는 의미가 아닐 것이다. 왜냐하면 동한 시대에 이미 글자꼴이 잘못
변하여 휘어진 잎의 형상을 알아볼 수 없게 되어, 형성이라고 해석할 수밖
에 없다. 갑골문의 자형을 통해, 『설문해자』에서 "우(雨)의 생략된 모습이
소리부(雨省声)"이거나 "화(禾)에 수(水)가 들어간 모습(禾入水)"이라는 설명
은 모두 잘못되었다는 것을 알 수 있다.

006

기장 직

稷

ji

서주 때의 문헌에는 '서직(黍稷)'이라는 글자로 모든 식용 곡물의 명칭으로 사용하였다. 중국의 북부지역에서는 기장이 주된 식량이었다. 『설문해자』에서는 서(黍)가 찰기장이라고 했다.

그렇다면 이와 반대로 직(稷)은 메기장이어야 한다. 그렇지만 갑골문의 상황은 이렇지 않았다.

갑골문에서 직(稷)자❶는 왼쪽이 화(禾)자이고, 오른쪽이 형(兄)자로 구성되었다. 갑골문에서 형(兄)자는 축(祝)자의 자형 중 하나로, 무릎을 꿇고 앉아 있는 사람이 두 손을 앞으로 내밀고 있으며, 특히 머리 위에는 입이 표시되어 있는 모습이다. 축(祝)자는 입으로 기도문을 읊고 있다는 것을 나타낸다.

직(稷)자와 축(祝)자는 같은 운(韻)에 속하지 않기 때문에, 직(稷)자는 회의자일 수도 있다. 직(稷)자는 상나라의 복사(卜辭)에서 곡물의 명칭이 아닌 지명을 나타낸다.

직(稷)의 자형은 축도자(祝禱者)가 곡식[禾] 앞에서 기도를 하는 모습인 만큼, 직(稷)은 곡식신[禾神]에게 풍년을 기원하는 사당일 수 있다. 축(祝)자와 직(稷)자의 차이점은 그들이 기도하는 신이 다르다는데 있다. 축(祝)은 조상신이고 직(稷)은 농업신이다.

❶

稷 稷 稷 稷

주나라의 민족은 농업을 발전시키고 나서 강성해지기 시작했다. 전설의 주나라 조상인 기(棄)는 순(舜) 임금 때 농업을 주관하는 벼슬을 지냈다. 이 벼슬은 곡신신[禾神]에게 풍년을 기원하는 직무도 포함되었기 때문에 후직(后稷, 司稷)이라고 부르고, 직(稷)의 업무를 관장하였다. 주씨(周氏) 민족인 기(棄)는 농업에 크게 기여한 인물로서, 주나라 사람들은 그를 농업의 신으로 기리고 그 관직을 현지에서 먹는 곡식의 명칭으로 삼았다.

토지가 없으면 농업을 발전시킬 수도 없고 나라를 세울 수도 없다. 주나라 사람들은 토지를 관장하는 토지신[社神]과 농업을 관장하는 농업신[稷神]을 매우 중시하였기 때문에 이 둘을 합쳐 '사직(社稷)'이라고 부르고, 국가를 대표하였다. 직(稷)으로 낟알이 큰 기장을 일컫는 것은 나중 일이다.

금문의 자형(漀, 禑)은 축(祝)자의 모습을 가면을 쓴 귀신의 모습으로 바꿔 놓아, 마치 무당이 분장한 것 같아 보인다. 또 귀신의 몸에 여성과 같은 부호를 붙였다.

『설문해자』에서는 직(稷)에 대해 이렇게 풀이했다.

> "직(稷)은 재계하다는 뜻이다. 오곡(五穀)의 으뜸이다. 화(禾)가 의미부
> 이고, 측(畟)이 소리부이다. 직(禝)은 직(稷)의 고문체이다."(稷, 齋也.
> 五穀之長. 从禾, 畟聲. 禝, 古文稷)

위의 설명처럼, 허신은 직(稷)을 형성자로 분석하였다. 또 측(畟)을 탈을 쓴 모습은 보이지 않지만 농사·정치와 관련된 일이라는 것으로 알고 있다고 분석했다.

『설문해자』에서는 측(叟)에 대해 이렇게 풀이했다.

"측(叟)은 농사를 지을 때 밭을 갈면서 나아가다는 뜻이다. 전(田)과 인(儿)으로 구성되었고, 또 치(夂)로 구성되었다. 『시경』에 '날카롭게[叟叟] 생긴 좋은 보습으로'라는 구절이 있다."(叟, 治稼叟叟進也. 从田·儿, 从夂. 詩曰: 叟叟良耜.)

직(稷)은 주씨 민족이 흥기하고 나서 생긴 곡물의 명칭이라고 말할 수 있다. 틀림없이 주나라 사람들이 많이 먹는 것으로, 상나라 사람들이 말하는 서(黍)와 비슷한 것일 것이다. '서직(黍稷)'이 하나의 어휘가 되면서, 직(稷)이 찰지지 않은 서(黍)라고 생각하는 사람이 있을 정도로 형태가 서(黍)와 거의 비슷한데, 일상에서 밥을 짓는데 사용되었다.

오늘날 직(稷)이라고 부르는 것이 위의 설명처럼, 기원전 5천2백년 때의 것으로 알려진 감숙성 진안(秦安) 유적지에서 발견되었다. 그러므로 직(稷)은 확실히 주씨 민족이 거주하던 지역의 곡물이라는 것을 알 수 있다. 직(稷)의 씨가 서(黍)보다 조금 더 크지만, 사람들은 대부분 직(稷)과 서(黍)를 구별하지 않고 '기장'이라고 통칭하였다.

서(黍)와 직(稷)은 시가에서는 흔히 볼 수 있지만 청동기의 명문에는 보이지 않는다. 상나라와 주나라 때, 서(黍)와 직(稷)은 줄기에 잎이 달린 식물이거나 술을 빚는 품종을 지칭했다. 예를 들어 『순자·예론(禮論)』에서는 "향(饗)은 계절마다 지내는 제사로, 현존을 높이고 술과 단술을 쓰며, 찰기장과 메기장을 먼저 올리고 쌀과 수수로 밥을 짓는다.(饗, 尚元尊而用酒醴, 先黍稷而飯稻粱)"라고 하였다. 서직(黍稷)이 술을 빚는 재료라면, 도량(稻粱)은 밥을 짓는 재료였다. 서(黍)와 직(稷)은 겉껍데기를 제거해서 찔 수 있는 씨가 아니었기 때문에, 밥을 담기 위한 목적으로 만든 청동기의 명문에도 보이지 않으며, 신에게 제사를 지내기 위한 물품도 아니었다.

007

화목할 목

穆　

mù

화(禾)와 관련된 글자로 또 목(穆)자❶가 있는데, 금문의 자형에 매우 많이 나온다. 자형은 화(禾)의 이삭이 이미 다 자라 속이 가득 차 무게를 이기지 못하고 아래로 처진 모습이며, 이삭 끝에도 까끄라기가 가늘게 자라난 모습이다.

벼[禾]는 초기의 모습이 잡초와 비슷하여, 때로 경험이 있는 농부조차도 바로 식별해 낼 수가 없다. 벼가 익고 이삭이 여물어 아래로 처지는 단계가 되면 보통 사람들은 쉽게 벼와 잡초를 구별해 낼 수 있었다. 씨가 가득 여문 벼는 사람들이 바라는 것이었기에 존경할 만한 미덕의 의미가 생기게 되었다. 금문과 명문(銘文)에서는 모두 위대한 전당의 이름이거나 죽은 자의 시호로 사용되었다.

❶

『설문해자』에서는 목(穆)에 대해 이렇게 풀이했다.

"목(穆)은 벼[禾]를 말한다. 화(禾)가 의미부이고, 목(㣎)이 소리부이다."
(穆, 禾也. 从禾, 㣎聲.)

허신은 소리부가 목(㣎)인 형성자라고 착각하였다.

또 『설문해자』에서는 목(㣎)에 대해 이렇게 풀이했다.

"목(㣎)은 잔무늬를 말한다. 삼(彡)과 극(𠈁)의 생략된 모습으로 구성되
었다."(㣎, 細文也. 从彡·𠈁省.)

위의 설명처럼, 허신은 원래 이삭이 익고 *까끄라기가* 가늘게 자라난 모
습을 나타낸 것인지 몰랐다.

008

벼 도

dào

갑골문에서 '기장을 수확한 해(受黍年)'와 대응되는 '벼를 수확한 해(受稻年)'의 도(稻)자❶는 쌀알이 입이 좁고 바닥이 뾰족한 토기의 위에 놓인 모습이다.

금문❷의 자형은 아래와 같다. 상나라 때의 곡물은 주로 조와 쌀 두 종류였고, 금문의 명문(銘文)에 있는 ☙를 도(蹈)자로 빌어서 사용했으므로, 이것이 이후에 형성으로 바뀐 도(稻)자임이 틀림없을 것이다.

지금은 갑골문의 도(稻)자가 왜 이렇게 만들어졌는지 알 수 있다. 쌀은 중국의 남부지역에서 생산되어 먼 지역으로 운송되는 품종으로, 원가를 최대한 줄여야 했으므로 우선 먹을 수 없는 가지와 잎을 떼어내고 볍씨만을 항아리에 담아 북쪽으로 가져갔다. 북부지역의 사람들은 볍씨만을 보고 벼가 어떻게 자라는지 몰랐기 때문에 벼의 형상을 그릴 수 없었기에 항아리에 담긴 형상으로 나타낼 수밖에 없었다. 운송의 편의를 위해 항아리를 길쭉하게 만들어서 담을 수 있는 공간을 줄였다. 입이 좁은 것은 입구를 쉽게 밀봉하기 위해서이고, 바닥이 뾰족한 것은 편하게 기울이기 위함이다. 특히 일부 항아리는 아직도 손잡이가 있는 형식(☙)으로 만들어, 손으로 손잡이를 잡고 벼를 쏟아내게 하였다.

금문의 자형으로 그 변천과정을 이해할 수 있다. 제일 먼저 상나라 때의 자형(𥝩)을 이어받았고, 그런 다음 항아리를 소리부로 바꾼 형체(𥣓, 𥣻)가 있었으며, 마지막으로 의미부로 미(米)를 화(禾)로 바꾼 형체(稻)가 있었다. 이것이 바로 현재 형성자를 이루는 도(稻)자가 되었다.

『설문해자』에서는 도(稻)에 대해 이렇게 풀이했다.

"도(稻)는 찰벼를 말한다. 화(禾)가 의미부이고, 요(舀)가 소리부이다."
(稻, 稌也. 从禾, 舀聲)

중국에서는 쌀이 발견된 신석기 유적지가 굉장히 많다. 몇몇 지역을 제외하고는 모두 장강 유역이나 이남 지역에 속해 있어 기후가 따뜻한 지역들이다. 이들 지역은 습하고 더운 기후에 잘 자라는 벼의 특성에 적합하다. 고대의 기후에 대한 연구에 따르면, 상나라 이후로 기후가 갈수록 춥고 건조해졌다. 그러나 문헌에 따르면 벼농사 지대는 날씨가 추워지면서 남쪽으로 이동하는 게 아니라 북쪽으로 이동하였다. 전국시대에는 벼농사 지대의 북쪽 한계가 북위 40도(현재 북경의 위도)에 이르렀다.

기후가 점점 추워졌는데도 벼농사 지역이 오히려 북쪽으로 이동하게 되는 모순은 대개 두 가지 요인에 의해 생겨난 것이다. 첫째, 벼의 품종을 개량하여 가뭄과 추위에 더 강한 쌀을 재배했기 때문이다. 둘째, 논에 필요한 물을 때에 따라 내리는 비에 의지할 필요 없이 장기간 물을 공급할 수 있는 관개 수리시설을 발전시켰기 때문이다.

관개 시스템이 벼농사에 얼마나 중요한지에 대해, 『전국책·동주책(東周策)』에는 이렇게 말한바 있다. "동주에서 벼[稻]를 심으려고 하자, 서주에서 물을 막아버렸다. 동주가 근심을 하니……지금 동주의 백성은 모두 보리[麥]만을 심고, 다른 것은 심고 있지 않다.(東周欲為稻, 西周不下水, 東周患之……今其民皆種麥, 無他種矣)" 이는 중국의 북부지역이 벼 이외의 곡물을 재배해야 하는 것은 급수 조건의 제한이 크다는 것을 명백히 말하는 것이다.

신석기 유적지에서 발견된 쌀도 찰진 것과 그렇지 않은 두 종류의 품종이 있다. 상나라 때 어떤 명칭으로 구분했는지는 알 수 없다. 현재 중국에서 벼가 발견되고 탄소14 동위원소에 의한 연대 측정을 거친 최초의 유적지는 1만 년 전의 호남성 도현(道縣) 옥섬궁(玉蟾宮) 유적지인데, 여기에서 발견된 벼가 세계 최초의 인공 재배 벼의 표본으로 확인되었다. 쌀은 단위 면적당 생산량이 많고 삶아 소화하기 쉽고, 많은 인구를 먹여 살릴 수 있기 때문에 인구 밀집지역을 형성하기 쉽다. 중국이 인구 밀집국가가 될 수 있었던 것도 쌀 재배와 무관치 않다.

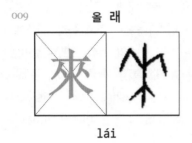

009 올 래

lái

갑골문에서 래(來)자❶는 어떤 식물의 형상을 그린 것이다. 이 글자는 곧추선 줄기와 대칭을 이룬 늘어진 잎이 있고, 때로 위쪽 끝에 이삭이 달려있는 식물을 명확하게 표현하였다.

이 글자는 '도래하다', '왕래하다'는 의미로 많이 쓰였으며, 어떤 곡물의 명칭으로 사용된 적도 간혹 있었다. 이는 기장[黍]과 벼[稻]와도 달라, '보리'의 품종일 가능성이 가장 높아 보인다. 외래의 품종이기 때문에 '오다'는 의미로 가차되었을 것이다.

❷는 금문의 자형으로, 동음자(同音字)로써 '왕래하다'는 의미를 나타냈기 때문에, 원래의 의미와 구별하기 위해 발과 도로를 더해 ⧧를 만들었다.

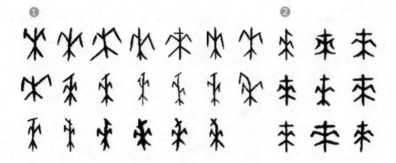

『설문해자』에서는 래(來)에 대해 이렇게 풀이했다.

"래(來)는 주나라 사람들이 받은 상서로운 보리인 래(來)와 모(麰)를 말한다. 두 개의 보리 이삭이 하나의 봉우리에 달렸다. 보리의 깔끄러운 가시를 그렸다. 하늘이 보내 준 것으로, 오고 간다는 것 중에서 오다는 의미로 사용된다. 『시경』에는 '우리에게 보리를 내려 주시네.'라는 구절이 있다. 래(來)로 구성된 글자들은 모두 래(來)가 의미부이다."(, 周所受瑞麥來麰也. 二麥一夆. 象其芒束之形. 天所來也, 故為行來之來. 詩曰: 詒我來麰, 凡來之屬皆从來)

허신은 래(來)자가 식물의 형상이라는 것은 정확하게 지적했지만, 그가 말한 이맥일봉(二麥一夆)은 이수엽일봉(二垂葉一鋒 늘어진 두 개의 잎 사위가 뾰족하다)이라고 하는 것이 더 정확한 표현일 것이다.

허신은 하늘에서 내려온 품종이라고 하여 '오다'는 의미로 파생되었다고 여겼지만, 이는 잘못된 것이다. 농업에서 경작된 곡물은 모두 인류가 야생의 품종을 개조한 것이다. 그러므로 해외에서 들여온 품종이라서 '오다'는 의미로 파생되었을 가능성이 크다.

010

보리 맥

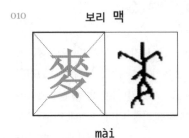

mài

갑골문에서 맥(麥)자❶는 래(來)자의 아랫부분에 식물의 뿌리를 추가하였는데, 거꾸로 돌린 지(止)자의 모습처럼 보인다.

갑골복사에서 지명 이외에는 전부 곡물의 명칭이기 때문에, 거꾸로 돌린 지(止)자는 이 식물의 수염뿌리의 특성을 대략적으로 나타낸 것이다.

보리의 뿌리는 특히 길고 때로는 길이가 3미터 남짓하여, 깊은 지하수를 흡수할 수 있기 때문에 비교적 건조한 지역에서도 자랄 수 있다. 밀은 상나라 때 매우 희귀한 것으로, 갑골복사에 '정월식맥(正月食麥)'이라는 기록이 있다. 이를 통해, 보리는 제철 식품이지 일반적인 일상 식품은 아닌 것으로 추측할 수 있다.

상나라 때, 보리는 개발한 지 얼마 되지 않은 곡식이었을 것이다. 초기의 신석기 유적지에서는 보리의 흔적을 찾아볼 수 없고, 중원에서 멀리 떨어진 신강성이나 감숙성 민락(民樂)에서만 발견되었다. 보리는 다른 곡물들과 달리 6, 7천 년 전의 유적지에서 흔히 발견되었으므로, 래(來)자에 '왕래하다'는 의미가 생긴 것은 대부분 외래곡물에서 파생된 것이다.

❶

『춘추』의 노장공(魯莊公) 28년에 '보리와 벼가 크게 부족했다.(大無麥禾)'라는 기록이 있는데, 보리[麥]와 기타 곡물인 서(黍), 직(稷) 등의 벼를 각각 분류하였다. 이는 보리가 외래품종인데 반해 찰기장과 메기장은 중국의 북부지역에서 생산되는 품종이기 때문일 것이다. 『일주서·상맥해(嘗麥解)』에서는 "4월 초여름에, 왕이 먼저 종묘에서 제사를 올린 다음, 대조에게 보리를 맛보게 바쳤다.(維四月孟夏, 王初祈禱于宗廟, 乃嘗麥於大祖)"라는 기록이 있다. 상나라의 상황과 같이 보리가 제철 음식인 것이다. 제사에 곡물을 바칠 때에 보리만 언급되므로, 소나 양 등과 같은 고급 희생물들과 견줄 만큼 귀하다고 볼 수 있다.

서주와 동주시기에 보리를 읊는 노래가 점점 많아졌다. 『춘추』에서는 보리의 수확을 다른 곡물보다 더 중시하였다. 한나라 때, 보리는 북방에서 이미 일반적인 식량이 되어 있었다. 보리는 맛도 좋고 배고픔을 견딜 수 있게 해줬다. 『전국책·동주책(東周策)』에는 "동주에서 벼[稻]를 심으려고 하자, 서주에서 물을 막아버렸다. 동주가 근심을 하니……지금 동주의 백성은 모두 보리[麥]만을 심고, 다른 것은 심고 있지 않다.(東周欲為稻, 西周不下水, 東周患之……今其民皆種麥, 無他種矣)"라고 기록되어 있다. 이는 북부지역이 벼 이외의 곡물을 재배해야 하는 것은 급수 조건의 제한이 크다는 것을 설명하고 있다. 따라서 보리가 북부지역에서는 좁쌀의 대체 곡물이라는 것을 알 수 있다. 물 공급이 너무 어려워 보리를 재배하기 힘든 곳에서만 좁쌀을 재배하였기 때문에, 보리가 결국 북부지역의 주된 식량이 되었다.

맥(麥)자는 금문❷의 자형에서 좌우의 배열이 분리된 것도 있지만, 소전에서는 원래의 자형이 그대로 남아 있다.

『설문해자』에서는 맥(麥)에 대해 이렇게 설명했다.

> "맥(麥)은 까끄라기가 있는 곡식으로, 가을에 심고 깊이 묻는다 하여 맥(麥)이라고 부른다. 맥(麥)은 금(金)이다. 금(金)이 왕성하면 살고, 화(火)가 왕성하면 죽는다. 래(來)로 구성되어 있으니 이삭이 있고, 치(夂)로 구성되었다. 맥(麥)으로 구성된 글자들은 모두 맥(麥)이 의미부이다."(麥, 芒穀, 秋種厚薶, 故謂之麥. 麥, 金也. 金王而生, 火王而死. 从來有穗者·从夂. 凡麥之屬皆从麥.)

❷

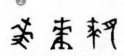

011

콩 숙

shū

일반적으로 말하는 오곡의 마지막 종류는 콩[菽]인데, 숙(尗)에서 기원한다. 콩류의 식물은 주식이 아니다. 그래서 신에게 바치고 손님을 대접하는 용도로 사용되지 않았기 때문에 초기 문헌에 언급되지 않은 것으로 보인다.

『설문해자』에서는 숙(尗)에 대해 이렇게 풀이했다.

"숙(尗)은 콩을 말한다. 숙(尗)은 콩이 자라나는 형상을 닮았다. 숙(尗)으로 구성된 글자들은 모두 숙(尗)이 의미부이다."(尗, 豆也. 尗象豆生之形也. 凡尗之屬皆从尗.)

숙(菽)자의 형상이 분명하지 않아서, 숙(叔)자가 또 만들어졌을 것이다. 금문에서 숙(叔)자❶는 한 손으로 콩의 꼬투리를 따고 있는 모습이다.

❶

『설문해자』에서는 또 숙(叔)에 대해 이렇게 풀이했다.

> "숙(叔)은 줍다는 뜻이다. 우(又)가 의미부이고, 숙(尗)이 소리부이다. 여
> 남(汝南)지역에서는 토란을 수확하는 것을 숙(叔)이라 한다. 숙(**栺**)은
> 숙(叔)의 혹체자인데, 촌(寸)으로 구성되었다."(**栺**, 拾也. 从又, 尗聲.
> 汝南名收芋為叔. **栺**, 叔或从寸.)

위의 설명처럼, 허신은 이 글자를 형성자로 여겼다.

초기의 문자에서 우(又)는 대부분 손의 동작을 나타내었고, 의미부로 사
용되는 경우가 없었다. 그래서 숙(叔)자는 회의자여야 하고, 자형이 줍는 동
작에 중점을 두고 있기 때문에 '줍다'는 뜻을 가진다.

한자의 변천을 보면, 우(又)자는 보통 비스듬한 획이 더해져 촌(寸)자가
되기도 하는데, 이들 둘은 서로 통용된다. 그런데 숙(叔)자와 같이 촌(寸)으
로 구성된 글자에는 오히려 통용되지 않는다. 서주의 청동기 명문에서 숙
(叔)은 '선량하다'는 뜻으로 사용되었다.

서주시기에 조(弔)자는 귀족의 작호로 사용되었다. 조(弔)자는 시체를 매
달아 새나 짐승이 그 썩은 고기를 쪼아 먹게 하는 고대의 장례풍습을 묘사
한 것으로 보인다. 그러므로 이후에 부적절하다고 생각해서 숙(叔)자로 대체
했고, 또 의미부로 초(艸)를 더해 숙(菽)자를 만들어 구분하였다. 숙(叔)자는
나중에 아버지의 남동생을 부르는 호칭이 되어, 백(伯)·중(仲)·숙(叔)·계(季)
라는 형제의 서열을 나타내는데도 사용되었다.

숙(菽)자는 원래 모든 콩류의 식물을 지칭했을 것이다. 그러나 그중에서
대두(大豆)가 가장 경제적이고 영양가가 있어 식량의 대용으로 쓰였기 때문
에 숙(菽)자는 대두만을 나타내는 말로 자주 사용되었다. 현재 대두가 남아

있는 유적지는 드물고, 길림성 영길(永吉)의 2천5백9십년 전 유적지에서 발견된 대두는 야생에 가까운 종류로 완전한 재배종이 아니었다.

대두가 중국 동부의 비가 많이 오거나 저지대의 원생식물인 줄 아는 사람도 있다. 그러나 『전국책·한책(韓策)』에는 "한나라의 지형은 험악한 산중에 있어서 오곡이 난다고 해야, 보리[麥]가 아니면 콩[豆]입니다. 백성이 먹는 것은 대개 콩밥이나 콩잎 국 정도입니다.(韓地險惡, 山居五穀所生, 非麥而豆. 民之所食, 大抵豆飯藿羹)"라고 기록되어 있다. 대두가 기장이나 보리를 심기에 적합하지 않은 산간 지역에서 재배할 수 있다는 것을 알 수 있다. 대두는 오랜 재배를 거쳐, 가뭄에 견딜 수 있는 작물이 되었으므로 중국 북부의 산간지역에서도 재배할 수 있었다.

대두가 가난한 집의 식량대용이었기에, 상나라 왕은 당연히 대두를 제사에 사용할 수 없었을 것이다. 그러므로 이 글자는 갑골복사에서 보이지 않는다. 서주의 귀족들도 마찬가지로 잔치를 베풀어 손님을 맞이할 때 대두를 사용하지 않았으므로 청동기로 된 제기의 명문에도 기록되어 있지 않다.

숙(菽)은 전국시대에 두(豆)라고도 불렀다. 숙(菽)의 알갱이가 일반 곡물의 낟알보다 크고, 다른 콩 종류보다도 더 크기 때문에 한나라 때에는 대두라고 바꿔 불렀다. 대두는 다른 곡물보다 맛도 없고 다량으로 섭취하는 것도 어렵지만, 재배가 쉬워 척박한 산지에서도 자랄 수 있었다. 그래서 농부들이 대두를 재배해서 가뭄에 대비하였는데, 다른 곡물이 물 부족으로 수확이 부족할 때 대두로 대처하였다. 대두는 가격이 쌌기 때문에 가난한 사람들이 항상 먹었는데, 다행히도 영양분이 많아 사람들에게 필요한 단백질을 제공해줄 수 있었다.

012 삼 마

má

마(麻)는 그 종류가 다양해서, 표피 섬유로 짜거나 굵기가 다양한 여러 종류의 삼베를 만들 수 있다. 마는 대중이 옷을 만드는 옷감의 원료이 자 중요한 경제적 작물이다.

마는 많은 지역에서 일부 곡물보다 더 중요하게 여겨, 오곡의 반열에 올리는 사람도 있다. 금문에서 마(麻)자는 집이나 덮개 안에 이미 겉껍질 이 분리된 삼이 2개 있는 모습(麻)이다.

『설문해자』에서는 마(麻)에 대해 이렇게 풀이했다.

> "마(麻)는 삼을 말한다. 패(朮)로 구성되었고, 또 엄(广)으로 구성되었 다. 엄(广)은 사람이 다듬는 것으로, 지붕의 아래에 위치한다. 마(麻)로 구성된 글자들은 모두 마(麻)가 의미부이다."(麻, 枲也. 从朮·从广. 广, 人所治也, 在屋下. 凡麻之屬皆从麻)

허신의 설명에는 틀림이 없다. 패(朮)의 자형만 있다면 림(林)자와 쉽게 혼동되었기 때문에 방법을 생각해서 구별하려고 하였다.

삼[麻]의 표피는 쪼개서 물에 삶거나 물에 오래 담가 불순물을 제거하 고 섬유를 갈라내는데, 대부분 집에서 처리한다. 다른 식물처럼 야외에서 재배하거나, 야외에서 곡식의 껍질이나 낟알을 제거하지 않는다. 그래서 이 글자는 삼이 집안에 자주 등장한다는 특성을 강조하였다.

인류가 식물의 섬유를 이용한 역사는 매우 오래되었다. 아주 초기에는 마섬유를 꼬아서 만든 밧줄로 돌을 던져 야수를 사냥하였고, 늦어도 구석기 말기의 유적지에서 바늘구멍이 매우 작은 골침이 출토된 걸로 보아, 이미 마섬유로 옷을 만들었을 것이다.

삼베는 6천여 년 전 앙소 문화의 토기의 밑바닥에서 그 흔적을 볼 수 있었고, 5천여 년 전 오흥(吳興)의 전산양(錢山漾) 유적지에서 실물이 발견되었다. 마의 열매는 날것으로 먹을 수도 있고, 기름을 짤 수도 있다. 아마 이것이 사람들이 마를 벼[稻], 기장[黍] 등과 같이 오곡으로 꼽는 이유일 것이다. 상나라 때는 이미 연유를 사용한 등을 가지고 밝게 비추었는데, 등유는 대부분이 식물성이라서 그 때의 사람들은 식물성 기름을 압착하는 법을 이미 알고 있었을 것이다.

013 **갈라서 떼어 놓을 산**

散

sàn

갑골문에서 산(㪔)자는 한 손으로 막대기를 들고 표피가 이미 떨어져 나간 두 그루의 마(麻)를 두드리는 모습(㪘, ㄴㄴ)이다. 마의 표피는 칼로 벗기기 어렵고 두드려서 표피와 줄기를 분리해야 잘 벗겨진다. 마를 심고 나서, 이러한 동작을 나타낼 문자가 필요했을 것이다.

갑골문 이후의 자형은 대체로 글자의 창제의미를 그대로 유지하고 있다. 금문❶은 『설문해자』에서 "산(㪔)은 분리하다는 뜻이다. 패(林)로 구성되었고, 또 복(攴)으로 구성되었다. 패(林)는 분산의 뜻이다.(㪘, 分離也. 从林·从攴. 林, 分㪔之意也)"라고 했듯이, 마(麻)를 두드리는 것처럼 보이지 않는다. 금문에는 이 글자와 동일한 발음과 의미를 가진 산(散)자❷가 있다. 『설문해자』에서는 산(散)에 대해 이렇게 풀이했다.

"산(散)은 삶아서 잘게 썬 고기를 말한다. 육(肉)이 의미부이고, 산(㪔)이 소리부이다."(㪚, 雜肉也. 从肉, 㪔聲.)

허신은 육(肉)이 의미부이고 산(㪔)이 소리부인 형성자로 여겼다.

❶ ㄴㄴ ㄴㄴ ㄴㄴ   ❷ ㄴㄴ ㄴㄴ ㄴㄴ ㄴㄴ ㄴㄴ

ㄴㄴ ㄴㄴ ㄴㄴ ㄴㄴ

금문의 자형에 따르면 이 글자는 산(㪔)이 소리부인 성분이 포함된 것이 아니라, 손으로 몽둥이를 가지고 대나무 잎의 살점을 두드려 다진 고기처럼 부스러지게 만드는 모습을 표현한 것으로 보인다. 고기를 잘게 두드리는 동작과 목적은 산(㪔)자와 비슷하다. 하나는 마(麻)의 표피를 분리하여 섬유를 만드는 것이고, 또 다른 하나는 온전한 고기 덩어리를 잘게 다진 고기로 만드는 것이다. 독음이 같으니까, 두 개의 자형을 결합하여 하나의 글자로 만들어, 두 개의 의미를 나타내는 것도 괜찮을 것이다.

제2부

오곡의
수확과 가공

곡물에는 딱딱한 껍질이 있어서 이를 제거해야만 낟알을 꺼내 먹을 수 있다. 농업이 발달하면서 곡물의 섭취량이 증가하게 되자, 껍질 벗기는 일이 일상화돼 전용 기구를 만들 필요가 있었다.

기원전 5천9백년의 하남성 신정(新鄭)의 배리강(裴李崗) 유적지와 같은 북부지역의 최초 유적지 및 조금 늦은 시기의 밀현(密縣), 공현(鞏縣), 무양(舞陽), 하북성의 무안(武安) 자산(磁山) 등 오래된 유적지들에서 64쪽의 그림처럼 곡물의 껍질을 제거하기 위한 돌 판과 돌 방망이가 발견되었다.

돌 판의 모양은 거의 비슷한데, 앞뒤를 둥글게 다듬은 납작하고 긴 판형이다. 어떤 때는 긴 판의 한쪽 끝이 다른 끝보다 약간 크고, 또 어떤 때는 한쪽 끝이 둥글고 한쪽 끝이 뾰족한 원형을 만들기도 했다. 판의 아래에는 항상 두 개의 서로 마주보는 반구형의 돌출된 작은 발이 있다. 돌 방망이는 면을 펴는 방망이와 같이, 대체로 돌 판의 반 정도 되는 길이가 많다.

돌 판과 돌 방망이의 출토 수량이 많은 것으로 보아, 그 당시 집집마다 보급된 용구였을 것이다. 돌 판 위에 소량의 곡식을 올리고, 두 손으로 방망이를 들고 곡식을 찧어 껍데기를 빼고 낟알을 얻는 식이다. 이러한 껍질제거 방식으로 얻은 낟알 량이 많지 않은데다가 시간도 꽤 많이 들고 찧는 과정에서 낟알이 판의 밖으로 흘러내리기도 쉬워 이상적인 공구는 아니었다.

그러나 이때는 농업이 초기단계에서 벗어났다 해도 산비탈에서만 작게 경작하고, 어업과 수렵활동을 병행하는 등 농업에 전적으로 의존하는 단계에 접어든 게 아니었다. 일상에서 곡물의 껍질을 제거하는 일이 많지 않아서, 돌 판으로 수요에 대처하기에 충분했다.

기원전 4천여 년 서안(西安)의 반파(半坡) 유적지와 여요(余姚)의 하모도(河姆渡) 유적지 시대에는 농업의존도가 크게 높아지고 식량소모량이 증가하여 돌 판으로 소량의 껍질을 제거하는 일은 이미 경제성이 떨어졌다. 그래서 더욱 효율적으로 껍질을 제거할 수 있는 공구로 나무나 돌로 만든 절구와 절굿공이가 생겨났다. 옛날 형식인 평평한 판형의 탈각 공구는 더 이상 유적지에서 나타나지 않았다.

▌돌 판과 돌 방망이. 돌 방망이의 길이 5.28센티미터, 돌 판의 길이 5.52센티미터, 하남성 무양(舞陽) 가호(賈湖)에서 출토. 기원전 8천년~기원전 7천5백년 경.

014

이삭 수

sui

곡류에서 먹을 수 있는 부분은 식물의 가장 위쪽에 자라기 때문에 채취가 매우 편리하다.

먹을 수 있는 이삭을 떼어내는 일은 꼭 필요한 작업이었기에, 곡물의 채집과 관계된 활동을 표현할 문자가 필요했다. 현재 초기의 자형은 여전히 보이지 않는다.

『설문해자』에서는 수(釆)에 대해 이렇게 풀이했다.

"수(釆), 곡식이 익으면 이삭이 나오는데, 사람들이 수확하는 곡물을 말한다. 조(爪)와 화(禾)로 구성되었다. 수(穗)는 수(釆)의 속체로, 화(禾)가 의미부이고 혜(惠)가 소리부이다."(釆, 禾成秀, 人所收者也. 从爪·禾. 穗, 俗从禾, 惠聲.)

수(釆)는 한 손이 곡식(禾) 위에 놓인 모습인데, 다 자란 이삭을 손으로 따던 가장 원시적인 수확 방법을 반영하였으며, 이로부터 '이삭[穗]'의 의미를 갖게 되었다. 그런데 이 글자의 자형은 채(采)자 ❶와 지나칠 정도로 비슷하다. 채(采)자가 손으로 나무의 열매나 잎을 손으로 따는 모습인 것이다.

❶

게다가 채(采, 採)자의 사용 시기와 대상이 더 많고, 더 넓고, 더 자주 사용되었기 때문에, 혼동을 피하기 위해서 새로운 형성자인 수(穗)자를 만들어 수(采)자를 대체하였다.

015

어긋날 차

差 | 差

chā

곡류의 가장 원시적인 수확방식은 손으로 이삭 부분을 따는 것이다. 신석기 시대에 농업이 발달하여 농작물의 수확량이 많아지면서 계속해서 손으로 이삭을 딸 수 없게 되자 조개껍데기를 도구로 사용하게 되었다.

그 후 기후로 인해 사람들이 북부지역으로 이동하면서 조개껍데기를 구하기가 어려워지자 안쪽으로 구부러진 돌칼을 사용해서 곡식의 이삭을 따게 되었다. 이후에 또 곡식의 이삭 부분만을 따고 이용 가능한 다른 부분을 허비하는 게 아깝다는 생각에 예리한 청동 공구를 사용하여 줄기와 이삭을 함께 베게 되었다. 이에 비해 손으로 곡식의 이삭을 따거나 벼 줄기를 통째로 뽑는 것은 비효율적이었기 때문에 차(差)자에 안 좋은 의미가 파생되었다.

금문의 차(差)자❶는 벼 한 포기 전체를 손으로 따거나 뽑는 모습이다. 제일 먼저 자형은 寿로, 손으로 벼[禾]를 뽑는 형상이어야 한다. 손[手]의 옆 공간을 채우고 자형의 외관을 네모지고 반듯하게 만들기 위해, 공(工)이나 구(口)로 공간을 채운 差, 寿가 생겼다. 혹은 자형을 더욱 복잡하게 만들기 위해 거(車), 견(犬) 등의 편방을 더하기도 했다.

❶

寿 寿 寿 寿 寿

寿 寿 寿 寿 寿

『설문해자』에서는 차(差)에 대해 이렇게 풀이했다.

"차(差)는 버금[貳]이라는 뜻이다. 같지 않다는 의미이다. 좌(左)와 수(巫)로 구성되었다. 차(𡮂)는 차(差)의 주문체인데, 이(二)로 구성되었다."(𡮂, 貳也. 左不相値也. 从左巫. 𡮂, 籒文差, 从二.)

허신은 자형에 어떻게 해서 '버금'이라는 뜻이 생겼는지 해석하지 않았다.

016

날카로울 리

利

lì

차(差)자와 뜻이 반대되는 글자가 리(利)자이다. 갑골문에서 리(利)자❶는 자형이 다양하다. 가장 복잡한 자형(🌾)은 한 손으로 벼 한 포기를 잡고(🌾), 칼(𝑓)로 벼의 뿌리 부근을 잘라 두 단으로 나눈(🌾) 모습이다.

비교적 간단한 자형은 익어서 아래로 처진 이삭의 모습(🌾)을 하기도 하고, 또 칼의 위아래에 작은 점이 몇 개 있어 잘라낼 때 생기는 세세한 부분들을 표현하기도 했다.

리(利)자에는 '날카롭다'와 '이익'이라는 두 가지 뜻이 포함되어 있다. 전자는 칼의 예리함에서 비롯된 것이고, 후자는 수확의 속도를 높이는 이익에서 비롯된 것이다. 줄기와 이삭을 함께 수확하려면 상당히 예리한 칼이 있어야 하며, 볏짚도 소와 양에게 먹이거나 땔감으로 사용하는 등 다른 용도로 쓸 수 있다.

❶

금문❷의 자형은 이미 손과 벼의 밑동을 생략했다. 소전에서는 작은 점 까지도 없애버렸다.

『설문해자』에서는 리(利)에 대해 이렇게 풀이했다.

"리(利)는 날카롭다는 뜻이다. 칼[刀]이란 조화로움을 이룬 다음 예리해 질 수 있다는 뜻이다. 도(刀)와 화(和)의 생략된 모습으로 구성되었 다. 『역(易)』에서는 '리(利)는 의로움의 화함이다.'라고 했다. 리(利)는 리(利)의 고문체이다."(利, 銛也. 刀, 和然後利. 从刀·和省. 易曰: 利者 義之和也. 利, 古文利.)

허신은 자형이 날카로운 칼로 볏짚을 자르는 모습인 줄도 모르고, 도 (刀)와 화(和)의 생략된 모습으로 구성된 회의자라고 여겼다.

❷

017 다스릴 리

釐

lí

긴 시간동안 고생스럽게 경작을 한 끝에 수확을 했다면, 일정 기간 생활을 보장받게 되는 것이다. 농업 사회에서 사람들에게 이보다 더 기쁜 일은 없을 것이다. 그래서 상나라 때는 농작물을 수확하는 기쁨을 생활 속 행복으로 표현하고자 하였다.

갑골문에서 리(𠩺)자❶는 한 손에 나무 막대를 들고 볏단을 두드려 곡식의 알갱이를 털어내는 모습인데, 가끔 볏단이 또 다른 손에 놓이기도 했다(𣂺). 이것은 볏짚을 먼저 베고 나서야 할 수 있는 동작으로, 예리하게 절단할 수 있는 도구가 이미 그 시대에 있었다는 것을 보여준다. 수확을 해야 농작물을 거둬들이는 작업도 할 수 있는 것이기에, 이는 경사스러운 일이 아닐 수 없었다.

갑골복사에는 비를 바라며 리우(釐雨)가 내릴지를 물어 본 점복의 내용이 있다. 수확할 때는 당연히 비가 오는 것을 원치 않기 때문에, 리우(釐雨)는 곡식의 성장에 도움을 주는 적당한 때에 내리는 비일 것이다.

❶

금문❷의 자형에는 조개[貝]가 더해진 것이 많이 보인다(,). 고대 중국에서 조개는 먼 곳에서 수입을 한 것으로, 보물과 무역 화폐의 물자로 사용되었다. 중국은 농업국으로, 주로 농업에서 얻은 수입으로 세금을 거둬들였기 때문에, 풍작은 온 나라가 바라는 복이었다. 그래서 이 글자에 '복'이라는 뜻이 있다. 또한 농업세수는 국가재정의 중요한 원천이라서 '다스리다'는 뜻도 생겼다. 이후에 소리부 리(里)를 더해 현재의 리(釐)자가 되었다. "새해를 축하합니다[恭喜新年]"라고 할 때의 희(喜)자는 사실 이 리(釐)자를 써야 한다.

『설문해자』에서는 리(釐)에 대해 이렇게 풀이했다.

"리(釐)는 터지다는 뜻이다. 복(攴)으로 구성되었고, 또 호(厂)로 구성되었다. 호(厂)의 성질은 터지는 것이다. 열매는 익으면 맛이 있으면서 터지게 마련이므로, 미(未)로 구성되었다."(, 坼也. 从攴·从厂. 厂之性坼. 果孰有味亦坼, 故从未.)

"리(釐)는 이끌다는 뜻이다. 우(又)가 의미부이고, 리()가 소리부이다."(, 引也. 从又, 𠩺 聲.)

허신은 이 글자를 두 글자로 기재하였다. '이끌다[引也]'라는 뜻은 손으로 벼를 잡은 동작에서 비롯된 것이고, '터지다[坼也]'라는 뜻은 곡물이 이미 성숙된 상황에서 비롯된 것이다. 그러나 『설문해자』에서는 이 글자가 곡식의 알갱이를 털어내는 모습이라는 것을 인식하지 못한 듯 보인다.

❷

018

해 년

nián

농작물의 수확은 농민들에게 일 년에 한 번 있는 가장 중요한 일이다. 수확, 건조, 저장 등의 일련의 작업을 기한 내에 완수하여, 일 년 내내 고생한 성과를 비바람이나 기타 요인에 의해 훼손되지 않도록 해야 한다. 따라서 모든 인력을 수확하는 일에 동원시켰다.

갑골문에서 년(年)자❶는 성인 남자와 그의 머리 위로 다발이 묶인 곡식이 있는 모습으로, 성인이 곡식을 운반하는 모습을 표현하였다. 이로부터 곡식의 수확을 상징했고, 또 1년이 지났음을 상징했다.

상나라 때에 '기장을 수확한 해[受黍年]', '벼를 수확한 해[受稻年]'와 같은 구절이 있는데, 모종의 곡물을 수확한 계절을 나타낸 것이다. 곡식에 따라 수확하는 계절이 다르지만, 상나라 때는 한 지역에서 1년에 한 번만 주된 곡식을 수확하였다. 수확의 계절은 씨족 사회의 연대를 계산하는 근거가 되는데, 년(年)자는 수확의 계절을 표시하는 것에서부터 한 해의 시간 길이를 표시하는 것으로 파생되었다.

❶

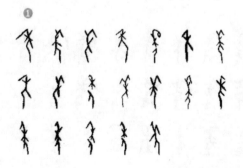

년(年)자의 화(禾)와 인(人)이라는 구성성분은 본래 하나로 연결된 것이었는데, 천천히 인(人)자를 화(禾)자에서 떼어 놓고 쓰게 되었다(⚐). 금문❷의 자형도 변화를 거치면서 사람의 몸에 작은 점이 하나 더해졌고, 작은 점은 한 줄의 짧은 가로획으로 이어져 마치 천(千)자처럼 보이게 되었다.

『설문해자』에서는 년(年)에 대해 이렇게 풀이했다.

> "년(年)은 곡식이 여무는 것을 말한다. 화(禾)가 의미부이고, 천(千)이 소리부이다. 『춘추전(春秋傳)』에서는 '큰 풍년이 든 해(大有年)'라고 했다."(⚐, 穀孰也. 从禾, 千聲. 春秋傳曰, 大有年.)

위의 설명처럼, 허신은 년(年)자를 화(禾)가 의미부이고 천(千)이 소리부인 형성자로 분석하였다.

❷

019

맡길 위

wěi

농업이 발전하는 초기에 주된 식량 공급은 어업과 수렵이었다. 그래서 남자는 밖으로 나가서 일을 해야 했으며, 여자는 산나물과 야생의 곡물을 모으는 일을 하였다. 농업이 발달한 이후에는 농지를 경작하고 곡물을 수확하는 등 굵직한 업무를 주로 성인 남자들이 맡았다.

고대 농업사회에서 남녀의 분업 상황은 무덤을 통해 미루어 짐작할 수 있다. 예를 들어 8천 년 전 배리강(裴李崗) 시기의 경우, 남자의 무덤 부장품은 돌도끼, 돌삽, 돌낫 등이 많은 것에 비해, 여자의 부장품은 돌 방망이, 돌판 등이 많았다. 이를 통해, 그 당시 남자들은 농업생산의 주된 일꾼이었고, 여자들은 집안일을 담당했다는 것을 알 수 있다.

소전에서 위(委)자는 여자가 머리에 볏단을 한 묶음 지고 있는 모습(𢖻)이다.

『설문해자』에서는 위(委)에 대해 이렇게 풀이했다.

"위(委)는 따르다는 뜻이다. 여(女)가 의미부이고, 화(禾)가 소리부이다."(𢖻, 委, 隨也. 从女·禾聲.)

허신은 이 글자의 창제의미를 파악하지 못하고 형성자로 분석하였다. 실제로 위(委)자와 화(禾)자는 서로 다른 운부(韻部)에 속해있어, 형성자의 형식에 맞지 않는다.

위(委)는 회의자로, 여성조차도 수확한 볏단을 옮기는데 동원되었음을 나타낸다. 보통 남성보다 여성의 체력이 떨어져, 큰 볏단을 나르는 일은 힘에 부대꼈으므로 여기에서 '위임하다'와 '작고 세세하다' 등의 뜻이 생겼다.

020

끝 계

jì

갑골문에서 계(季)자❶는 년(年)자, 위(委)자와 같이 아이가 머리에 볏단을 한 묶음 지고 있는 모습이다. 아이의 체력은 여자들보다도 약하기 때문에 수확이나 운반 등 굵직한 일보다 수확을 하고 운반을 하고 난 뒤에 남겨진 이삭을 줍는 것처럼 비교적 가벼운 일을 하기에 적합했다.

상고 시대에 남성, 여성, 아이의 분업은 체력의 차이에 따른 것이지 다른 요소는 없었다. 날씨가 갑자기 변하여 비가 내리기 시작해서 시간을 다투어 작업을 해야 하는 게 아니라면, 아이를 동원하여 볏단을 옮기게 할 수 있었다. 어린이가 제일 마지막에 동원되는 인력이라서, 여기에서 계(季)는 순서를 나타낼 때 제일 마지막이라는 뜻으로 사용되었다.

서열이나 등급은 추상적인 개념으로, 구체적으로 묘사할 수 있는 형상이 없기 때문에 인력의 차등을 빌려 표현하였다. 계(季)자는 이후에 계세(季歲: 한 해의 마지막), 계춘(季春: 봄의 마지막 달), 계하(季夏: 여름의 마지막 달) 등과 같이 어느 기간이나 계절의 끝을 나타내는데 사용되었다.

❶

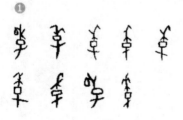

금문❷의 자형은 기본적으로 변함이 없으나, 가끔 계(季)자를 병렬로 분석한 계(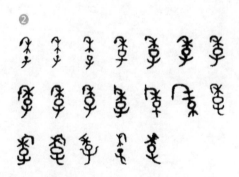)의 자형은 있다.

『설문해자』에서는 계(季)에 대해 이렇게 풀이했다.

"계(季)는 어린이를 말한다. 자(子)와 치(稚)의 생략된 모습으로 구성되었고, 치(稚)는 소리부도 겸한다."(季, 少偁也. 从子·稚省, 稚亦聲)

허신이 치(稚)의 생략된 모습이 소리부라고 이해한 것은 잘못된 것이다.

❷

021

찧을 용

chōng

곡식은 수확하고 나서 껍질을 제거한 후에만 삶아 먹을 수 있다. 갑골문에서 용(舂)자❶는 비교적 복잡한 글자로, 한 사람이 두 손으로 손잡이가 있는 절굿공이를 들고 (𠂤), 용기 위에 있는 모습이다.

이 용기는 절구통이고, 절구통의 작은 점들은 곡식의 낟알을 나타낸다. 용(舂)자는 절구통에 담긴 곡식을 찧어 껍질을 벗기는 작업을 표현하였다. 나중에 사람의 형상을 두 손으로 바꾸고 각각 절굿공이의 양 옆에 두고서는(𦥑), 두 손으로 찧는 동작을 나타내었다.

금문의 자형(𦥑)을 보면 저(杵)를 오(午)자로 썼는데, 이는 갑골문에서 몇몇 오(午)자가 절구질에 사용하는 절굿공이를 나타냈다는 것을 알 수 있게 해준다.

『설문해자』에서는 용(舂)에 대해 이렇게 풀이했다.

> "용(舂)은 조를 찧는 것을 말한다. 두 손으로 절굿공이를 들고 절구통 위에 있는 모습을 그렸다. 저(杵)의 생략된 모습이다. 옛날, 옹보(雝父)가 처음으로 절구질하는 방법을 발명했다."(舂, 擣粟也. 从廾持杵以臨臼上. 杵省. 古者雝父初作舂.)

❶

𦥑 𦥑 𦥑 𦥑 𦥑 𦥑

절굿공이와 절구통은 처음에 뜨거운 낟알을 짐승의 가죽위에 놓고 발로 낟알을 밟아 껍질을 벗겼을 것이다. 이후 개량을 하고 나서, 구덩이를 파서 절구통으로 만들고 짐승 가죽을 깔고 낟알을 찧었다. 더 나아가 전용 절굿공이와 절구통이 생겼다.

기원전 4천년 경의 서안(西安)의 반파(半坡) 유적지와 여요(餘姚)의 하모도(河姆渡) 유적지 등에서는 나무와 돌로 만든 절구통과 절굿공이가 발견되었다. 춘추시기 말기에 철기가 보급되면서 돌 절구통의 제작이 한결 쉬워졌다. 『설문해자』에서는 공수반(公輸班)이 돌 절구통을 발명하여 곡물을 갈았다고 했다. 이후에 밀을 갈아 가루로 만들 수 있을 뿐 아니라 다른 곡물들도 빻아 가루로 만들 수 있게 되면서, 가루로 음식을 만드는 음식문화가 발전하기 시작했다.

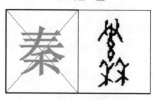

022 **벼 이름 진**

qín

갑골문에서 진(秦)자❶는 두 손으로 절굿공이를 잡고 두 개의 볏단을 두드리는 모습이다.

두 그루가 다수를 대표하는 것도 문자를 만들 때 사용되는 단골 수법이다. 절굿공이는 곡식의 껍질을 벗기는 도구이므로, 진(秦)자는 볏짚의 이삭을 두드리는 것이 아니라 먹을 수 있는 쌀을 만드는 것이다.

금문❷의 자형은 대부분이 곧은 절굿공이의 형상이 오(午)자의 형상으로 변하였고, 가끔 두 손의 위치가 바뀌었다.

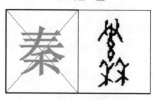

『설문해자』에서는 진(秦)에 대해 이렇게 풀이했다.

> "진(秦)은 백익의 후손이 분봉 받은 나라인데, 곡식이 자라는데 적합한
> 땅이었다. 화(禾)와 용(舂)의 생략된 모습으로 구성되었다. 달리 진(秦)
> 나라에서 나는 곡식[禾]의 이름이라고도 한다. 진(𥝆)은 진(秦)의 주문
> 체로, 력(秝)으로 구성되었다."(𥝆, 伯益之後所封國, 地宜禾. 从禾·舂省.
> 一曰秦禾名. 𥝆, 籒文秦, 从秝)

소전의 자형에서 두 개의 화(禾)를 하나로 줄인 것은 문자를 간략화 하
는 일반적인 상황이다.

진(秦)나라는 주나라에서 봉한 제후국이기에, 진(秦)자를 만들 때의 본래
의미가 아니라는 것은 짐작할 수 있다. 진(秦)자가 곡식의 알갱이를 찧는
구체적인 작업을 묘사한 장면 또한 용(舂)자를 생략해서 나온 것이 아니다.
갑골문에서 진(秦)자는 제사 의식의 일종으로, 껍질을 제거한 새 곡식을 신
령들에게 바치기 전의 의식일 것이다. 또 수확장면을 연출한 춤으로 신의
축복에 감사하는 것일 수도 있다. 새로 수확한 곡식으로 신에게 제사를 지
내는 것은 고대정치의 큰 행사였다.

023 쌀 미

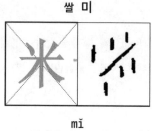

mǐ

갑골문에서 미(米)자❶는 6개의 곡식 낟알이 가운데에 있으면서 가로로 된 획으로 이들을 분리한 모습이다. 작은 점은 물건이 매우 많다는 것을 나타내는데, 소(小), 소(少)자와 구별하기 위해 가로획으로 갈라놓았을 수도 있다.

　지금은 미(米)를 도미(稻米)라고 부르지만, 상나라 때에 미(米)자는 진(秦)자보다 더욱 제사에 바치는 물품이었지, 어떤 특정한 곡물을 지칭한 것이 아니었다. 한나라 때의 곡창명기(穀倉明器)에 써진 '기장과 쌀 1천 섬[黍米千石]'이라는 명문이 있는 것을 보면, 미(米)자는 원래 이미 껍질을 제거한 낟알을 나타내는 것이고, 서(黍), 직(稷), 도(稻)의 낟알을 모두 미(米)라고 불렀다고 추정된다. 이 단계에 있는 곡물만이 찌거나 삶아서 먹을 수 있다. 복사(卜辭)에는 남경(南冏)에서 수확한 쌀로 조상인 조을(祖乙)에게 제사를 지냈다고 언급하였다(『합(合)』34165, 남경은 경성의 남쪽에 위치한 곡식 창고를 말한다.). 상나라 때 중국의 북부지역에서는 주로 조를 생산하였기에, 곡식 창고에 남아 있는 곡물도 대부분 좁쌀이었다. 이를 통해 미(米)도 조의 알갱이를 가리킬 수 있다고 보인다.

❶

『설문해자』에서는 미(米)에 대해 이렇게 풀이했다.

"미(米)는 조의 알갱이를 말한다. 벼와 기장의 형태와 같다. 미(米)로
구성된 글자들은 모두 미(米)가 의미부이다."(米, 粟實也. 象禾黍之形.
凡米之屬皆从米)

허신은 벼, 기장의 형태와 같다고 하였으나, 벼와 기장의 낟알의 형태라
고 고쳐야 한다. 금문에서 미(米)자는 보이지 않고, 줄곧 다른 글자로 곡식
의 알갱이를 표현하였다.

024
조 속

粟

sù

갑골문에서 속(粟)자❶는 한 그루의 벼와 같은 식물의 형상과 약간의 알갱이가 있는 모습이다. 어떤 사람들은 이 자형이 서(黍)자의 또 다른 필사법이라 여겼다.

그러나 이 글자는 '기장을 수확한 해(受黍年)', '벼를 수확한 해(受稻年)'와 같은 문구에는 사용되지 않았다. 이는 신들에게 바치는 물품이었다. 자형으로 봤을 때, 화(禾)의 가지와 잎 사이에 3~4개의 둥근 알갱이가 있는 모습이다. 작은 점은 가늘고 작은 물건이나 물방울을 나타내지만, 이 글자에서는 알갱이로 표현되었다. 대부분은 껍질을 깐 알갱이를 나타내고 있으며, 심지어는 이렇게 껍질을 깐 알갱이를 가공하여, 바로 찌고 끓여 제사에 바칠 수 있는 곡식이라고 강조하고 있다. 여기에서 중요한 부분은 곡식의 알갱이인거지, 식품의 품종을 나타내는 것이 아니라는 점이다.

『진율 18종 창률(秦律十八種倉律)』에는 "조 1섬 6말 반이라야 좋은 쌀 8말을 살 수 있다.(粟一石六斗半可得好米八斗)"라고 서술되어 있다. 한나라 때의 도창명기(陶倉明器)에는 '기장과 조 1만 섬[黍粟萬石]', '기장과 쌀 1만 섬[黍米萬石]'과 같은 명문이 새겨져 있다. 속(粟)은 아직 껍질을 벗기지 않았거나 껍질만 벗기고 정제하지 않은 곡물을 뜻하고, 미(米)는 정제한 곡물의 알갱이를 뜻하여, 속(粟)자와 미(米)자를 구분한 것으로 보인다.

❶

또 속(粟)자와 미(米)자는 모두 어떤 곡물의 알갱이를 지칭하여, 후대에서 쌀[米]을 도미(稻米)라고 부르고, 조[粟]를 소미(小米)라고 부른 것과는 용법이 다르다. 후대의 조[粟]는 노란색, 옅은 노란색, 푸른색 등 색깔이 다르고 알갱이도 벼[稷]보다 작은 품종을 나타낸다. 주나라 때, 조[粟]는 아직 정제되지 않은 곡식의 알갱이였기 때문에, 가공하지 않은 채로 직접 신에게 바치거나 찌기에 적합하지 않았으므로, 청동기의 명문에도 속(粟)이라는 글자는 언급되지 않았다.

속(粟)이 어떤 곡물의 알갱이를 지칭하는 명칭이라서, 먼저 화(禾)에 해당되는 부분을 미(米, 🌰)로 고치고, 그런 다음 세 개의 알갱이를 한 개로 줄여서(🌰) 지금의 속(粟)자가 되었을 것이다.

『설문해자』에서는 속(粟)에 대해 이렇게 풀이했다.

> "속(粟)은 좋은 곡식의 알갱이를 말한다. 초(🌰)로 구성되었고, 또 미(米)로 구성되었다. 공자는 '속(粟)은 속(續)이라고 읽는다.'라고 말하였다. 속(🌰)은 속(粟)의 주문체이다."(🌰, 嘉穀實也. 从卤·从米. 孔子曰: 粟之為言續也. 🌰, 籀文粟)

상술한 설명을 보면, 허신은 각각의 구성성분이 표현하는 사물을 명확하게 제시하지 않았다.

025

기장 량

liáng

갑골문에서 미(米)는 이미 껍질이 벗겨진 알갱이로 제사에 바칠 수 있었다. 청동기의 명문에서는 미(米)자는 보이지 않고, 오히려 량(粱)자가 이를 대신하였다. 혹은 미(米)자가 이미 벼의 이름으로 바뀌어서 량(粱)자를 만들어 대체했을 수도 있다.

금문에서 량(粱)자❶는 미(米)가 의미부인 형성자로, 껍질을 제거한 알갱이를 나타낸 것으로 보인다. 량(粱)을 구성하는 미(米) 외에도 창(刅), 수(水), 정(井) 등이 들어 있는데, 모든 자형마다 공통적으로 창(刅)자가 있는 것으로 보아, 창(刅)이 소리부인 형성자 같다. 량(粱)자, 수(水)자, 정(井)자가 어떤 관계인지는 분명하지 않다.

『설문해자』에서는 량(粱)에 대해 이렇게 풀이했다.

"량(粱)은 쌀의 명칭이다. 미(米)가 의미부이고, 량(粱)의 생략된 모습이 소리부이다."(粱, 米名也. 从米, 梁省聲.)

❶

금문 자형들

또 량(梁)에 대해 이렇게 풀이했다.

> "량(梁)은 물길에 놓인 다리를 말한다. 목(木)으로 구성되었고, 또 수
> (水)로 구성되었는데, 창(刅)이 소리부이다. 창(刅)은 량(梁)의 고문체이
> 다."(橪, 水橋也. 从木从水, 刅聲. 刅古文.)

허신은 량(梁)을 소리부가 창(刅)인 형성자로 본 것이다.

청동기 명문은 용기에 담긴 값비싼 곡물인 기장[粱]과 벼[稻]를 가장 많
이 언급하고 있다. 기장[粱]은 흔히 황량(黃粱)이라 불리며, 조[粟]도 노란색
이 많아, 두 글자는 같은 곡물의 다른 처리 단계를 나타낼 가능성이 높다.
량(梁)은 가공하여 만든 흰 기장[黍]이고, 속(粟)은 갓 탈피한 기장[黍]이다.
량(梁)은 고급 기장으로 쌀[稻米]과 동급이며, 주나라 귀족들이 제사와 연회
를 지낼 때 사용한 곡물이다.

서(黍), 직(稷), 속(粟), 량(梁)은 동일한 곡물류이지만 품종이 다르고 가공
단계가 다르다. 그러나 시대별로 사용의 의미는 상당히 차이가 난다. 고고학
보고서에 따르면 조[粟]가 발견된 신석기 유적지로는 하북성의 무안(武安),
하남성의 신정(新鄭), 허창(許昌), 임여(林汝), 석천(淅川), 낙양(洛陽), 안양(安
陽), 섬서성의 서안(西安), 보계(寶溪), 화현(華縣), 빈현(彬縣), 무공(武功), 산
서성의 만현(萬縣), 화현(華縣), 요녕성의 적봉(赤峰), 여대(旅大), 북표(北票),
흑룡강성의 영안(寧安), 감숙성의 란주(蘭州), 임하(臨夏), 영창(永昌), 옥문(玉
門), 영정(永靖), 청해성의 악도(樂都), 신강성의 합밀(哈密), 강소성의 비현
(邳縣)이 있다. 찰기장[黍]이 발견된 유적지로는 요녕성의 심양(瀋陽), 섬서성
의 임동(臨潼), 산동성의 청도(靑島), 감숙성의 태안(泰安), 청해성의 민화(民
和), 길림성의 연변(延邊)이 있다. 메기장[稷]이 발견된 유적지로는 신강성의
화석(和碩), 감숙성의 란주(蘭州), 동향(東鄉), 흑룡강성의 영안(寧安)이 있다.
기본적으로 건조한 지역들이라서 기장의 특성에 적합하다.

제3부

조리방법과
조리기구

불의 사용법을 모르던 시대에 인간도 야생동물처럼 날 음식을 먹었다. 유일하게 더 영리했던 부분은 뼈를 부러뜨려 골수를 빨아 먹는 것을 아는 거였다. 불의 사용법을 아는 것은 인간의 식습관을 크게 변화시켰고 문명을 촉진시켰다. 조리된 음식은 소화가 잘 되고 영양소를 섭취하기 쉬워, 체질이 강해지고 두뇌가 발달하며 질병은 줄고 수명이 늘어난다.

인류는 유인원 단계에서 음식물을 불에 익힐 줄 알았을 것이다. 운남성의 원모(元謀) 유인원들과 동일한 지층의 멀지 않은 곳에서 숯가루, 태운 뼈, 석기, 동물 뼈가 발견돼 중국에서 최초로 음식을 불에 익힌 증거로 여겨진다. 이 유적지의 연대는 1백7십만 년 전으로 앞당겨질 수도 있다. 구운 음식은 씹기도 편하고 식사를 할 때의 미각도 좋게 한다. 음식을 불에 익혔을 때의 장점을 발견하고 나서, 인류는 매우 빠르게 불에 익혀 먹는 습관을 들였다.

인류는 불의 사용법을 알고 난 뒤에, 불을 지펴 음식을 익히는 것이 일상에서 가장 중요한 일이 되었다. 가장 원시적인 직접적으로 굽는 방법 말고, 돌로 익히는 법과 대나무로 익히는 법이 있다. 사람들은 익히는 방식, 조리 기구 제조, 아궁이 설치 등, 사람들의 생활과 밀접한 관계가 있는 사물들을 발전시켰으며, 관련 문자들도 하나하나 창조하였다.

026 고기 구울 자/적

zhì

불에 음식을 익힐 때, 고기를 불에 직접 올려서 구워 먹는 가장 원시적인 방법을 상상할 수 있다.

『설문해자』에서는 자(炙)에 대해 이렇게 풀이했다.

"자(炙)는 고기를 굽는 것을 말한다. 고기가 불 위에 있는 모습이다. 자(炙)로 구성된 글자들은 모두 자(炙)가 의미부이다. 자(𤎩)는 자(炙)의 주문체이다."(𤎩, 炙肉也. 从肉在火上. 凡炙之屬皆从炙. 𤎩, 籒文.)

자(炙)는 고기 한 덩어리를 불 위에 놓고 직접 굽는 모습이며, 이로부터 '직접 접촉하다'는 뜻이 생겼다.

이후에 사람들은 또 불이 있는 재에서 음식을 익히기도 했다. 그러나 이런 방법은 야채와 맞지 않아, 다른 방법을 생각해야 했다.

027

고기 육

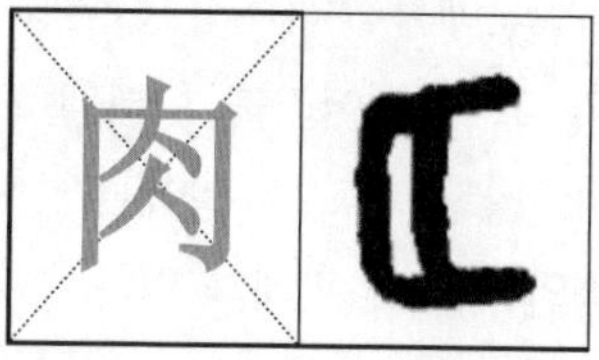

ròu

갑골문에서 육(肉)자❶는 고깃덩어리의 형상이다. 사냥에서 잡은 짐승이나 집에서 키우는 가축은 몸집이 워낙 커서 분리해 덩어리로 나누어야만 요리나 옮기기가 쉬웠다.

『설문해자』에서는 육(肉)에 대해 이렇게 풀이했다.

> "육(肉)은 저민 고깃덩이를 말한다. 상형이다. 육(肉)으로 구성된 글자들은 모두 육(肉)이 의미부이다."(, 胾肉. 象形. 凡肉之屬皆从肉.)

문자의 변화과정을 보면, 먼저 작은 점이 하나 더해지고, 또 이 작은 점은 하나의 획으로 변한다. 육(肉)의 자형과 월(月)자가 매우 비슷한데, 월(月)자는 반원의 모양이지만 육(肉)자는 직선이다. 육(肉)자를 간혹 월(月)자와 비슷하게 쓰는 일은 있지만, 월(月)자를 육(肉)자로 쓴 예는 없다.

❶

028 **많을 다**

duō

갑골문에서 다(多)자❶는 두 개의 고기 덩어리를 나타낸 모습이다. 많고 적고는 양에 관한 추상적인 개념과 관계가 있다.

고대 사람들은 두 개의 고기 덩어리로 '많다[多]'는 의미를 표현하였는데, 이를 두고 후세 사람들이 왜 다른 두 개의 사물로 표현하지 않았냐고 문제를 제기할 수 없다.

금문❷의 자형은 직각의 선을 약간 굽은 모양으로 쓰는 습관이 있고 작은 점이나 짧은 획도 없었기 때문에 석(夕)의 달 모양으로 오해받았다.

❶

❷

『설문해자』에서는 다(多)에 대해 이렇게 풀이했다.

"다(多)는 더하다는 뜻이다. 석(夕)이 겹쳐 있는 모습이다. 석(夕)이
서로 연달아 있으므로 많게 된다. 석(夕)이 더해진 것이 다(多)이고,
일(日)이 더해진 것이 첩(疊)이다. 다(多)로 구성된 글자들은 모두 다
(多)가 의미부이다. 다(𡖇)는 다(多)의 고문체인데 석(夕)이 둘 나란히
놓인 모습이다."(多, 緟也. 从緟夕. 夕者, 相繹也, 故為多. 緟夕為多,
緟日為疊. 凡多之屬皆从多. 𡖇, 古文並夕.)

허신은 다(多)를 여러 날 밤으로 해석하였다.

두 개의 석(夕)자로 많다는 개념을 표현하는 것도 문제될 것이 없지
만, 갑골문에서는 원래 두 개의 고기 덩어리로 표현하였다.

029

여러 서

庶 凼

shù

갑골문에서 서(庶)자❶는 불에 굽는 것보다 한 단계 더 높은 조리법을 나타낼 가능성이 크다. 이 글자는 석(石, ⌐)과 화(火, 凼)의 조합으로 되었는데, 불로 돌을 달구어 굽는 것을 의미한다.

먼저 야외에서 음식을 익히는 방식을 이해해야만, 서(庶)자의 창제의미와 왜 이 글자에 '서만'이나 '많다'는 의미가 생길 수 있었는지를 이해할 수 있다.

일찍이 대만의 아미족(阿美族)과 같이 산업이 낙후된 씨족 사회에서는 사냥을 나갈 때 취사도구를 휴대하기 어려워 돌을 굽는 방법을 사용하였다. 먼저 빈랑이나 야자수 등 큰 잎들을 골라 배 모양의 용기로 만들고, 맑은 물과 생선, 고기, 채소 등을 담는다. 이어 자갈을 많이 주워 씻은 뒤 불에 굽는다. 그런 다음 달궈진 자갈을 대나무 수저에 끼워서 배 모양의 용기에 넣으면 돌의 열이 물을 통해 전달돼 음식을 서서히 익힌다.

이런 방법으로 일상적으로 나무껍질로 만든 통에서 음식을 끓이는 곳도 있다. 밥을 지을 때 자갈을 많이 써야 했기 때문에 서(庶)자에 '많다', '대단히 많은 사람'이라는 의미가 생겼다.

❶

凼 凼 匹 匹 凼 凼

후에 토기가 생기고 나서도, 가장 먼저 한 일은 여전히 많은 자갈을 사용해서 용기에 음식을 데운 것이다. 이것은 용기의 형상에서 추론해 낼 수 있다.

❙ 선이 새겨진 발이 셋 달린 붉은 토우.
높이 16.5센티미터, 받침 높이 12.5센티미터. 하북성
무안(武安) 자산(磁山)에서 출토. 자산문화, 약 7천 년 전.

약 7천 년 전 하북성의 무안(武安) 자산(磁山)에서 발이 셋 달린 붉은 토우가 출토됐다(위의 그림). 이러한 토우는 타원형의 통 모양이며, 밑바닥이 평평하다. 통 모양의 조형은 나무껍질로 둘러싸인 통에서 나온 것으로 추정할 수 있다. 먼저 사용하기 힘든 나뭇잎이나 나무껍질 통을 대체하여, 돌을 데우는 방법으로 토기에서 익힐 수도 있다. 이후에 사람들은 토기도 열을 전도하는 기능이 있다는 사실을 발견하고는 토기

를 불에 데워 편리하게 음식을 익힐 수 있어서 그렇게 많은 자갈을 데우지 않아도 된다는 것을 깨달았다. 곧 사람들은 또 도토(陶土)에 가는 모래를 배어들게 하면 열전도율이 높아진다는 사실을 발견하고 토기로 간접적으로 음식을 익히기 시작했다. 화력을 효과적으로 이용하기 위해서, 이후의 조리 기구는 대부분 밑바닥이 곡선으로 되어 있다.

금문❷의 자형에는 몇 가지 변화가 있다. 첫째, 자형에서 돌[石]의 변화는 간단하고 쉬운 석(石, 𠁡) 대신에 이후에 생긴 석(石, 𠃜)이 사용되었다. 간단하고 쉬운 돌의 자형에는 뾰족하고 날카로운 모서리가 있어서 사용의 특징을 분명하게 표현하고 있다. 이후에 자형이 너무 단순해지면서 구덩이를 나타내는 구(口)가 더해져 석기로 구덩이를 파는 기능을 더 강하게 표현하였다. 둘째, 화(火)의 변화이다. 셋째, 돌에 장식의 의미를 가지는 짧은 가로획이 더해졌다.

서(庶)자에 있는 석(石, 𠁡)의 모양과 이후에 나타난 석(石, 𠃜)의 모양이 다르기 때문에, 『설문해자』에서는 서(庶)에 대해 이렇게 풀이했다.

> "서(庶)는 집에 사람이 많은 것을 나타낸다. 엄(广)과 광(炗)으로 구성되었다. 광(炗)은 광(光)의 고문체이다."(庶, 屋下眾也. 从广·炗. 炗, 古文光字.)

허신은 이 글자가 집에 많은 사람(등불을 사용하고 있다)이 있다는 것을 나타낸 것이라고 여겼다.

❷

030

놈 자

煮

zhǔ　　　zhě

갑골문에서 자(者)()자는 이후의 화(火)가 의미부이고 자(者)가 소리부인 자(煮)자의 어원이다.

　　이 글자는 조사로 가차되어 금문❶에 매우 많이 보이므로 창제의미를 추론하기가 쉽다. 는 대체로 채소의 모습이다. 몇 개의 작은 점은 수증기나 김이 나는 물기를 나타내고 있다. 구(口)는 용기를 뜻한다. 전체 글자는 용기에 채소와 뜨거운 수증기가 있는 것을 표현하고 있는데, 돌을 데우는 방법으로 음식을 익히는 표현과 같다. 『설문해자』에서는 자(者)에 대해 이렇게 풀이했다.

　　　"자(者)는 사물을 구별하는 단어이다. 백(白)이 의미부이고, 려()가 소리부이다. 려()는 려(旅)의 고문체이다."(, 別事詞也. 从白, 聲. , 古文旅)

　　허신은 이 글자의 본뜻이 지시대명사인줄 알고, 백(白)이 의미부이고 려(旅)가 소리부인 형성자로 해석하였다. 그러나 려(旅)자는 이와 같은 서법에서는 보이지 않기 때문에, 허신의 해석에 문제가 있는 것은 분명하다.

❶

옛날에는 볶는 법이 없어서 채소를 모두 끓는 물에 삶았다. 음식을 먹을 때는 젓가락이나 숟가락으로 채소나 고기를 솥에서 집어 먹었다. 그래서 젓가락을 뜻하는 저(箸)는 죽(竹)이 의미부이고 자(者)가 소리부인 형성구조로 되어 있다. 이때 대나무는 젓가락의 재료가 된다. 또한 야채 국을 끓여 먹을 때도 항상 여러 가지 야채와 고기를 한 냄비에 같이 넣었기 때문에 제(諸)에 서(庶)의 '많다'는 의미가 파생되었다.

『설문해자』에서는 자(煮)에 대해 이렇게 풀이했다.

"자(煮)는 떠오르다는 뜻이다. 죽(鬻)이 의미부이고, 자(者)가 소리부이다. 자(鬻)는 혹체인데 물이 그 속에 든 모습을 그렸다. 자(煑)도 혹체인데 화(火)로 구성되었다."(鬻, 孚也. 从鬵, 者聲. 鬻, 或从水在其中. 煑, 或从火.)

소전의 자(煮)에서 정체(正體)와 혹체(或體)의 복잡한 자형은 자(者)의 아랫부분에 연기와 수증기가 올라오는 세 개의 발이 달린 력(鬲, 鬵)의 형체와 같다. 현재 통용되고 있는 또 다른 자(煮)는 조사로 쓰인 자(者)와 구별하기 위해 아래쪽에다 화(火)를 더했고, 불을 이용해 삶는다는 의미를 더욱 명확하게 표현했다.

031

향기 향

xiāng

향(香)자는 자(者)자와 구조가 비슷하다. 갑골문에서 향(香)자❶는 토기의 위에 보리나 기장 등과 같은 곡물이 있는 모습이다.

곡물의 가지와 잎 혹은 알갱이에는 보통 향이 없고, 불에 익어야 구수한 냄새가 나기 때문에 향기라는 뜻은 삶은 곡물에서 비롯되었다는 것을 알 수 있다.

『설문해자』에서는 향(香)에 대해 이렇게 풀이했다.

"향(香)은 향기롭다는 뜻이다. 서(黍)로 구성되었고, 또 감(甘)으로 구성되었다. 『춘추전』에서는 '기장의 좋은 향기다.'라고 했다. 향(香)으로 구성된 글자들은 모두 향(香)이 의미부이다."(薔, 芳也. 从黍从甘. 春秋傳曰: 黍稷馨香. 凡香之屬皆从香.)

허신은 향기라는 뜻이 기장주의 감미로운 향에서 나왔다고 여겼다. 그러나 보리는 상나라 때 흔한 곡물이 아니었기에, 술을 빚는데 사용하지 않았다. 따라서 향(香)자의 창제의미는 따끈따끈한 기장밥에서 나오는 향에서 비롯된 것일 수 있다.

❶

이 용기는 밥을 먹는데 사용하는 것이 아닌 끓이는 기구이다. 밥을 지을 때는 돌로 익히는 방법을 사용할 수 없기에 토기의 외부에서 불을 지피는 간접적인 방법을 사용했다. 토기로 음식을 끓이면 예전에는 먹을 수 없었던 채소들이 토기 안에서 천천히 익어 사람들이 먹을 수 있는 종류로 확대되었다.

032

불꽃 섭

xiè

곡물은 돌로 삶는 방법이 마땅치 않아 이전의 대만 원주민들은 나가서 사냥을 하고 대나무로 밥을 지었다.

방법은 대나무 마디를 채취해 물과 곡식의 알갱이를 넣고 나뭇잎으로 봉한 뒤 대나무 마디를 불에 굽는데, 대나무 속의 물이 끓어 곡물이 익을 때까지 굽는다. 대나무로 지은 밥은 향긋하고 맛있지만 대나무 마디를 매번 교체해야 한다는 번거로움이 있다.

갑골문에서 섭(燮)자는 한 손에 가늘고 긴 대나무 통을 들고 불 위에서 굽는 모습(,)이다. 이 방법으로 밥을 지으려면 대나무 통이 거의 다 탈 때까지 구워야 한다. 그래서 '푹 익히다'는 뜻이 나왔다.

금문❶의 자형은 대나무 마디의 형상이 많이 잘 못 바뀌어, 신(辛)자나 언(言)자 같아 보인다. 그래서 나중에 이 두 글자로 변하였다.

❶
豢 豢 豢 豢

『설문해자』에서는 섭(燮)과 섭(爕)에 대해 이렇게 풀이했다.

"섭(燮)은 많이 익다는 뜻이다. 손으로 염(炎)과 신(辛)을 잡고 있는 모습이다. 신(辛)은 곡식이 익은 맛을 나타낸다."(爕, 大孰也. 从又持炎辛. 辛者物孰味也.)

"섭(爕)은 조화하다는 뜻이다. 언(言)과 우(又)가 의미부이고, 염(炎)이 소리부이다. 습(濕)과 같이 읽는다. 섭(爕)은 섭(爕)의 주문체로, 임(羊)으로 구성되었다."(爕, 和也. 从言又, 炎聲. 讀若濕. 爕, 籀文爕从羊.)

섭(燮)의 '많이 익다'는 뜻은 원래 글자를 만들 때의 의미이고, 섭(爕)의 '조화하다'는 뜻은 가차의 의미이다. 실제로 모두 같은 글자의 분화인 것이다.

033

도타울 돈

dūn

제1권의 『동물편』에 소개된 돈(敦)자의 갑골문의 자형은 양 한 마리가 사당의 앞에 있는 모습이다.

　『설문해자』에서는 돈(敦)자에 '익다'와 '죽'이라는 두 가지 뜻이 있다고 봤다. 자형에 근거해 볼 때, 양고기를 푹 삶아 신에게 제사를 지낼 수 있게 됐다는 의미일 것이다. 토기가 생긴 후에는 장시간 약한 불로 음식을 익힐 수 있게 되었다. 잘 익지 않은 것도 약한 불로 익힐 수 있게 되었고, 쌀알도 약한 불로 묽게 삶아서 아픈 사람도 쉽게 먹을 수 있게 되었다.

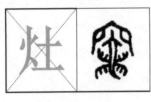

034 **부엌 조**

竈

zào

고대에 불을 지피는 일은 결코 쉽지가 않아서 현대인보다 더욱 많은 시간을 들여 준비해야 했다.

음식을 익히는 설비를 부뚜막[灶]이라고 부르는데, 넓은 의미로 말하자면 음식을 익히는 어떤 구조와 장소를 모두 조(灶)라고 부를 수 있다. 불로 음식을 태우면, 반드시 숯불과 재를 남기게 된다. 도처에 재가 널려 있는 것보다 한 곳만 더러운 게 더 낫다.

부뚜막은 사람들의 생활과 가장 밀접한 관계를 가진다. 『논어팔일(八佾)』에는 "왕손가가 물었다. '아랫목 신에게 아첨하기 보다는 차라리 조왕신에게 잘 보이라 하니, 무엇을 말하는 것입니까?'(王孫賈問曰: 與其媚於奧, 寧媚於灶, 何謂?)"라는 구절이 있다. 오(奧)는 일반적으로 집의 서남쪽 모퉁이를 나타내며, 잠자리를 드는 은밀한 장소이다. 조(灶)는 밥을 짓는 장소로, 사람들이 가장 빈번하게 활동하는 곳이기도 하고, 신이 우리 삶의 세세한 사정까지 알 수 있는 곳이기도 하다. 신은 죄를 지을 수 없기 때문에 매년 음력 12월 23일에 집집마다 조왕신을 하늘나라로 보내는 풍속이 형성되었다.

중국의 북부지역에서 초기의 집은 땅 밑 굴의 형태로, 주된 기능이 잠을 자는 거고, 그 다음이 식사를 하는 거였다. 사람들은 드러나지 않은 곳에서 잠을 자는 습관 때문에, 부뚜막[灶]을 문에 들어서는 곳에 만들어놓고 잘 수 있는 공간을 남겨두었다. 경험상 이렇게 하면 통풍이 잘 되어, 산소를 공급받아 불을 지피기 쉽다. 또 야생 동물의 침입도 막을 수 있다. 그러나 부뚜막을 입구에 배치하니 출입이 불편하였다. 가옥의 건축 기술이 계속해서 발전하자, 집은 지상에 갈수록 가까워지게 되었고 그 면적도 넓어지면서, 부뚜막의 위치가 뒤로 이동하게 되어 집의 중앙에 가까워졌다. 집이 완전히 지상에 세워졌을 때, 흙벽은 불에 잘 타지 않았고 환기와 배기가 잘 되도록 하기 위해 부뚜막은 구석으로 이동하게 되었다. 춘추시대 이후로 부뚜막이 설치된 지점은 대개 집 뒤의 구석으로 고정되었다.

초기의 부뚜막은 편하게 짓기 위해 거의 모두 원형이었으며, 지름은 1미터정도였다. 지면에서 약간 낮거나 높은 정도의 범위에서 표면을 단단하게 하거나 돌멩이를 쌓아 놓아, 발판을 만들거나 솥을 안치하게 편하게 하였다. 그러나 불을 넓은 곳에서 태우면 열량이 쉽게 빠져나가고 땔감이 낭비된다. 사람들은 가마를 만들어 토기를 구운 경험을 통해, 불을 가마 안에서 태우면 땔감을 절약할 수 있다는 것을 알게 되었다. 5천여 년 전 감숙성 진안(秦安)의 대지만(大地灣)의 집에도 이런 형태의 부뚜막이 있었다. 그 중 한 예로, 집의 중앙에서 약간 뒤쪽으로 치우친 곳에 2개의 원형 부뚜막을 팠는데, 큰 것의 지름은 85센티미터가 되고, 작은 것의 지름은 35센티미터가 된다. 두 구멍의 밑바닥이 서로 통해 있어, 60센티미터에 달하는 것도 있다. 이는 가마와 같은 구조로 큰 구멍은 한 사람을 수용하고도 여유가 있을 정도이고, 또 구멍의 안쪽 벽 구석에 옹기를 넣는 구멍이 있어서 불씨를 놓아두는 곳으로 사용하였다. 작은 구멍에는 솥을 안치하였는데, 밥을 지을 때 위아래로 오르내리느라 매우 불편했을 수도 있다. 또 집에 큰 구멍이 있는 것이라서 떨어질 위험도 있고 해서 실용성이 떨어지므로 보편적이지도 않았다. 하지만 이런 원리에 따라 지상에 집을 짓는 것은 매우 이상적이어서, 한나라 이후 크게 유행하여 거의 유일한 방식이 되었다.

금문에서 조(竈)자는 동굴과 곤충 한 마리가 있는 형상이든지(🐛), 혹은 집과 곤충 한 마리가 있는 형상이다(🐛). 명문에서 사용한 의미는 '창조(創造)'의 '조(造)'이지만, 자형으로 봤을 때 본래 글자는 조(竈)자일 것이다.

『설문해자』에서는 조(竈)에 대해 이렇게 풀이했다.

"조(竈)는 부뚜막이라는 뜻이다. 혈(穴)이 의미부이고, 추(黿)의 생략된 모습이 소리부이다. 조(🔥)는 조(竈)의 혹체인데, 생략되지 않은 모습을 따랐다."(🔥, 炊竈也. 从穴, 黿省聲. 🔥竈或不省.)

'생략된 모습[省聲]이 소리부'라는 식의 풀이는 대체로 문제가 있는 해설이다. 🐛은 분명히 곤충의 형상으로, 대부분이 맹(黽)자로 변하였다.

『설문해자』에서는 맹(黽)에 대해 이렇게 풀이했다.

"맹(黽)은 맹꽁이를 말한다. 타('它)로 구성되었는데, 상형이다. 맹꽁이의 머리와 뱀['它]의 머리가 같다. 맹(黽)으로 구성된 글자들은 모두 맹(黽)이 의미부이다. 맹(🐸)은 맹(黽)의 주문체이다."(🐸, 鼃黽也. 从它, 象形. 黽頭與它頭同. 凡黽之屬皆从黽. 🐸, 籀文黽)

맹(黽)으로 구성된 글자들을 살펴보면, 거북개구리나 거미와 같은 작은 파충류의 명칭으로 쓰였으므로, 맹(黽)도 작은 파충류나 절지동물이어야 한다.

『설문해자』에서는 조(竈)자를 추(黿, 蛙)가 의미부인 형성자로 해석하였지만, 와(蛙)자와 추(黿)자의 성모와 운모는 모두 같은 부(部)에 속하는 것이 아니므로, 조(竈)자는 회의자이지 형성자가 아니어야 한다. 그렇다면 구멍이 있는 곳에 출몰하는 작은 곤충을 표현했을 것이다.

음식을 조리하는 곳에는 바퀴벌레가 출몰할 수밖에 없고 부뚜막은 굴처럼 생긴 구조여서, 이런 방식으로 조(竈)자를 만들어내었다. 이후에는 조(竈)자의 필획이 너무 많아서 화(火)와 토(土)로 구성된 조(灶)자가 만들어졌다. 후대에서는 흙으로 부뚜막을 만들었다.

▌호랑이 모양의 청동 부엌.
높이 160센티미터, 너비 46센티미터, 춘추시대 말, 기원전 6세기~기원전 5세기.

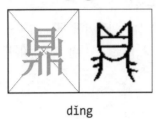

035 솥 정

ding

서(庶)자를 소개할 때, 물에 음식을 삶는 진행과정을 이야기하려면, 제일 먼저 뜨거운 자갈을 용기에 넣어야 한다. 이때 용기는 나무껍질을 둘러서 사용하였다가 나중에 토기로 바뀌었다.

돌의 열이 물에 전달되어 용기의 음식을 천천히 익힌다. 이후에 토기에 열을 전도하는 기능이 있다는 것을 발견하고, 불로 토기의 물을 데우고 음식을 삶게 되었다. 최초에는 일시적으로 돌덩이를 구해 와서, 솥 밑에 놔두어 불을 태울 수 있는 공간을 만드는 것은 물론 평형을 유지하게 하였다. 나중에는 토기로 만든 발로 대체하였고, 마지막에는 용기의 밑바닥에 토기의 발을 연결하여 솥[鼎]의 형태를 만들었다.

갑골문에서 정(鼎)자❶는 한 눈에 상형자라는 것을 알 수 있다. 가장 윗부분 기물의 입에 두 개의 귀가 표현되었고, 아랫부분은 서로 다른 형식의 지지대가 표현되었다. 발 위의 짧은 사선은 등처럼 생긴 모서리 장식을 나타낸 것이다. 가장 자주 보이는 형태는 둥그스름한 배에 발이 세 개 달린 형태인데, 이후 쓰기 편하게 하고자 두 개의 다리만 그렸다.

❶

금문❷의 자형은 최초로 원래 기물과 매우 흡사한 자형 및 귀를 생략한 것과 그밖에 갖가지 변형들이 존재한다. 소전에 이르러서 자형이 고정되었다.

『설문해자』에서는 정(鼎)에 대해 이렇게 풀이했다.

"정(鼎)은 세 개의 발과 두 귀를 가진 다섯 가지 맛을 조화롭게 만드는 보배스런 기물이다. 나무를 쪼개 밥을 짓는 기구이다. 정(貞)의 생략된 모습이 소리부이다. 옛날 우임금이 구목(九牧)의 청동을 수집하여 형산 아래서 정(鼎)을 주조했다. 그랬더니 산과 수풀과 강과 소택에 드나드는 사람들이 더는 숲과 도깨비와 귀신을 만나지 않게 되었으며, 하늘을 받들어 훌륭한 일을 함께 하게 되었다. 『역』의 손괘(巽卦)에서 아랫부분의 쪼갠 나무는 정(鼎)을 뜻한다. 고문체에서는 패(貝)를 정(鼎)으로 삼았고, 주문체에서는 정(鼎)을 패(貝)로 삼았다. 정(鼎)으로 구성된 글자들은 모두 정(鼎)이 의미부이다."(鼎, 三足兩耳和五味之寶器也. 象析木以炊. 貞省聲. 昔禹收九牧之金, 鑄鼎荊山之下, 入山林川澤者, 离魅蝄蜽莫能逢之, 以協承天休. 易卦巽木於下者爲鼎. 古文以貝爲鼎, 籒文以鼎爲貝. 凡鼎之屬皆从鼎.)

허신은 정(鼎)을 상형자가 아닌 형성자로 해석하였으며, 두 발에 대해서도 나무를 좌우로 갈라서 불을 때는 땔감을 그린 것이라고 풀이했다.

❷

정(鼎)은 크기가 상당히 차이가 많이 난다. 토기로 만든 정(鼎)은 재료의 성질로 말미암아 크기가 비슷하다. 그러나 청동으로 주조한 정(鼎)은 차이가 많이 난다. 상나라 때, 크게는 높이 1백33센티미터, 세로 1백10센티미터, 가로 78센티미터, 무게 8백75킬로그램의 정(鼎)이 있고, 작게는 겨우 높이 몇 센티미터, 무게 몇 십 그램에 지나지 않는 것도 있다. 물론 이렇게 작은 정(鼎)은 비실용적인 부장품이나 장난감이다. 보통의 정(鼎)은 높이가 20~40센티미터이고, 가장자리의 지름은 10~20센티미터 사이이며, 배의 깊이는 10센티미터가 넘고, 무게는 몇 킬로그램이라서, 몇 리터의 음식을 담을 수 있다(아래 그림).

▌기(己)자 무늬가 연속으로 그려진 둥근 청동 정(鼎). 높이 33.9센티미터, 상나라, 기원전 13세기~기원전 11세기.

세발솥[鼎]은 그 자체가 음식을 삶는, 움직이는 부뚜막으로 정해진 장소에 한하지 않고 이리저리 옮길 수 있다. 초기에는 맑은 날에 야외에서 사용했고, 비가 내린다면 집 안으로 옮겨 사용하였다. 이후에는 집의 면적이 더 커지면서 영구적으로 불을 집 안에 두어 음식을 하였다. 그러나 정(鼎)으로 음식을 하는 습관이 여전히 남아 있어서 한나라 때 대형 부뚜막을 설치하려고 하자, 정(鼎)의 발이 불필요해져서 8천 년 전의 발이 없는 솥의 형상으로 복원되었다.

▌부호(婦好)라는
명문이 든
도철(饕餮)무늬 편족
청동 방정(方鼎).
높이 42.4센티미터,
상나라 말기, 기원전
14세기~기원전 11세기.

036

갖출 구

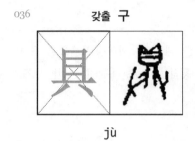

jù

갑골문에서 구(具)자는 아래에서부터 두 손으로 솥[鼎]을 들어 올리는 모습(🦅)이거나 위에서부터 솥[鼎]을 들어 올리는 모습(🦅)이다.

중원지역은 7천 년 전부터 한나라 때까지 무려 8천 년 동안 솥에 음식을 하는 습관을 유지해왔다. 말하자면 토기로 만든 솥은 집집마다 꼭 필요한 조리 기구였던 것이다. 주부가 아침에 일어나면 솥을 들어 불을 지피고 음식을 하여 가족들의 식사 준비를 해야 했기 때문에 구(具)자에는 '갖추다', '준비하다' 등의 뜻이 생겼다.

금문❶에 이르러, 정(鼎)의 자형에 큰 변화가 생겨, 패(貝)에서처럼 귀가 사라지고 발은 두 개의 곧은 세로획으로 바뀌었는데, 두 개의 발까지 완전히 사라진 경우도 있다.

❶

『설문해자』에서는 구(具)에 대해 이렇게 풀이했다.

"구(具)는 갖추다는 뜻이다. 공(廾)과 패(貝)의 생략된 모습으로 구성
되었다. 고대에는 조개가 화폐로 사용되었다."(具, 供置也. 从廾, 貝省.
古以貝為貨.)

허신은 두 손으로 화폐로 사용될 수 있는 조개의 형상을 들고 있다
고 분석했다. 물론 이것이 정답일 수는 없다.

037

수효 원

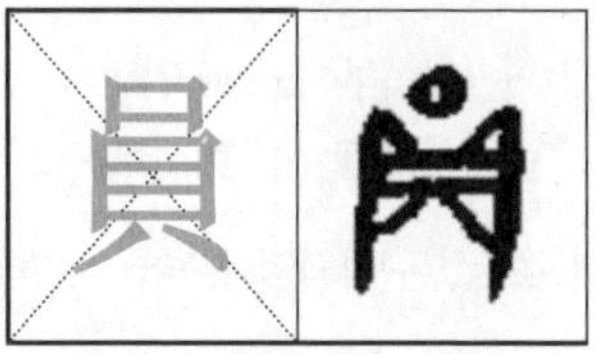

yuán

갑골문에서 원(員)자❶는 세발 솥[鼎] 하나와 원형 하나를 그렸다. 금문❷의 자형에는 변한 게 없다. 이 글자는 원(圓)의 어원이 된다.

동그라미[圓]라는 뜻이 추상적이기 때문에, 글자를 만든 사람은 솥의 둥근 배를 차용하여 그 뜻을 표현하였다.

원형으로 토기를 만드는 것이 직사각형보다 쉽고, 특히 회전판에서 빚으면 정교하게 다듬을 수 있다. 금속으로 주조할 수 있게 되자, 원형이든 사각형이든 난이도에 차이가 없어서 변화를 추구하여 사각형을 주조하게 되었다. 그러나 대부분의 토기로 만든 솥은 원형으로 되어 있어서, 뜻이 동그라미인 원(員)자가 만들어졌다.

❶

❷

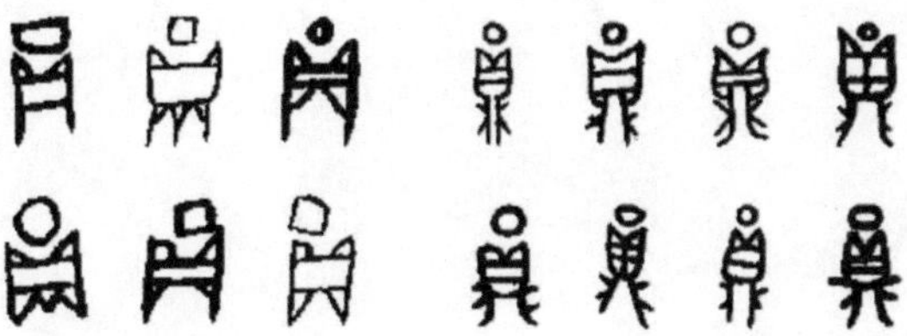

『설문해자』에서는 원(員)에 대해 이렇게 풀이했다.

　　"원(員)은 물건의 수를 말한다. 패(貝)가 의미부이고, 구(口)가 소리부이다. 원(員)으로 구성된 글자들은 모두 원(員)이 의미부이다. 원(鼎, 鼎)은 원(員)의 주문체인데, 정(鼎)으로 구성되었다."(鼎, 物數也. 从貝, 口聲. 凡員之屬皆从員. 鼎, 鼎, 籒文从鼎.)

　　허신은 원(員)을 사물의 수를 헤아리는 양사로 해석하고 관리의 수를 세었다.

　　갑골문의 시대에 양사의 사용은 매우 드물었다. 대부분 양사를 사용하지 않거나, 물건의 명칭을 중복해서 사용하였다. 예를 들어, 사람이 30명 있는 경우, '인삼십(人三十)'이거나 '인삼십인(人三十人)'이라고 했다. 또 소가 20마리 있는 경우, '우이십(牛二十)'이거나 '우이십우(牛二十牛)'라고 했다. 그래서 원(員)자의 창제의미는 문법상의 양사가 아니라 둥글다는 뜻이다. 이후에 원(員)자는 관리의 수를 세는 양사로 가차되었기 때문에, 따로 원(圓)자를 만들어 구별했다.

038 　막을 격/솥 력

gé/lì

력(鬲)은 정(鼎)에서 분화되어 나온 그릇의 형태이다. 정(鼎)의 발은 속이 차 있지만, 력(鬲)의 발은 가운데가 비어 있거나 몸통의 아랫부분에 눈에 띄게 부풀어 오른 몇 개의 돌기가 있다.

정(鼎)은 원래 밥을 지을 때 채소를 익히는 기구였는데, 4천여 년 전에 땔감을 아끼기 위해서인지 세 개의 발이 비어있는 주머니 모양의 발[袋足]로 바뀌어, 그 빈 부분에도 열을 받아 음식을 할 수 있게 했다. 이런 형식의 용기는 곡물을 삶는데 비교적 적합하다.

고대 중국에서는 모두 탕의 방식으로 채소를 끓였다. 채소는 고기와 생선을 넣어야 맛이 나고, 끓일 때는 국자로 수시로 휘저어야 고기와 채소가 가라앉아 눌어붙지 않는다. 용기의 주위가 고르지 못하고 몇 군데가 돌출되어 있다면 휘저을 때 영향을 받기 때문에 력(鬲) 모양의 용기는 사용하기 불편하여 정(鼎)을 사용하였다. 그런데 곡물의 알갱이는 력(鬲)으로 요리하기 적합했다. 알갱이는 가늘고 작아서, 끓어 넘실대는 물로 바닥까지 가라앉지 않을 것이고 수시로 저어 줄 필요도 없다. 심지어 마지막에는 땔감을 치우고, 뚜껑을 씌워 밥을 잠깐 뜸을 들여야 제 맛이 난다.

갑골문에서 력(鬲)자❶는 그 수가 많지 않고, 용기에 달린 세 발이 비어 있는 형상이다. 금문❷에서는 력(鬲)자가 많이 보여, 기물의 형상임을 알 수 있지만 비어 있는 발은 점점 보이지 않게 되었다. 력(鬲)은 불을 가지고 끓이는 기물이기 때문에, 어떤 자형에서는 발이 불로 잘 못 변하기도 했다(鬻). 또 금속으로 주조하게 되자, 금(金)이 의미부인 자형도 생기게 되었다(鎘).

『설문해자』에서는 력(鬲)에 대해 이렇게 풀이했다.

> "력(鬲)은 정(鼎)의 일종이다. 5곡(斛), 6말)이 들어가는데, 1말2되가 1곡(斛)이다. [윗부분은 아가리를,] 중간 배 부분은 교차된 무늬를, 아랫부분은 세 발을 그렸다. 력(鬲)으로 구성된 글자들은 모두 력(鬲)이 의미부이다. 력(䰙)은 력(鬲)의 혹체인데 와(瓦)로 구성되었다."(鬲, 鼎屬也. 實五斛. 斗二升曰斛. 象腹交文三足. 凡鬲之屬皆从鬲. 䰙, 鬲或从瓦.)

허신은 력(鬲)이 상형문자라는 것은 알았지만 비어 있는 발을 표현한 건지는 몰랐다.

❶

❷

밥 짓는 기구는 집집마다 필요한 거라서 유적지에서 출토된 수량이 상당히 많다. 력(鬲)의 크기는 재질이 토기나 금속이든 상관없이 모두 비슷하다. 식사량이 너무 많으면 잘 익지 않았다든지, 한 가족의 식사량이 비교적 정해져 있어서 그럴 수도 있다. 정(鼎)처럼 크기에 차이가 많이 나는 것도 아니라서 많은 사람들이 먹을 수 있고, 시간만 충분하다면 많은 양의 국물을 끓일 수도 있다.

▌도철(饕餮)무늬 청동 력(鬲).
높이 16.7센티미터, 지름 13.3센티미터, 하남성
정주(鄭州)에서 출토. 상나라 중기, 기원전 14~기원전
13세기 경.

통할 철

徹 [그림]

chè

갑골문에서 진(盡)자는 한 손에 털이 있는 솔을 들고 그릇을 깨끗하게 씻는 모습(🝙)이다. 솔로 그릇을 완전히 다 씻을 수 있으므로, 진(盡)에 '다하다'라는 뜻이 생겼다.

력(鬲)으로 밥을 지으면 땔감을 절약할 수 있지만, 세척하는 데에는 손이 많이 간다. 솔을 사용해서 씻는다 해도 깨끗해지지 않는 건, 이 솔이 력(鬲)의 비어 있는 발까지 미치지 못하기 때문이다. 미친다 해도, 남아 있는 밥까지 깨끗이 없앨 수가 없다.

갑골문에서 철(徹)자❶는 력(鬲)자와 축(丑)자로 결합되어 있다. 갑골문에서 축(丑)자❷는 손바닥에 세 손가락(5개를 대표함)이 모두 안쪽으로 구부러진 모습이다. 이것은 힘을 다해 물건을 꽉 쥐려는 동작으로, 원래의 의미는 '잡다'였지만 간지(干支)의 부호로 차용되었다.

그렇다면 여기에서 우리는 철(徹)자의 창제의미를 알 수 있다. 력(鬲)의 비어 있는 발까지 구부러진 손가락을 사용해야만, 안쪽에 있는 밥찌꺼기까지 철저하게 파내어 깨끗이 씻을 수 있는 것이다. 그래서 철(徹)자에는 또 '철저(徹底)하다'는 뜻이 생겼다.

❶　　　　　　　❷

금문❸의 자형은 이미 구부러진 손가락을 '치다'는 의미의 복(攴)으로 잘 못 썼다. 소전에는 또 척(彳)의 부호를 더해 통행의 의미와 관련 있다고 여겼다.

『설문해자』에서는 철(徹)에 대해 이렇게 풀이했다.

> "철(徹)은 통하다는 뜻이다. 척(彳)으로 구성되었고, 복(攴)으로 구성되었고, 육(育)으로 구성되었다. 일설에는 상신을 뜻한다고 한다. 철(徹)은 철(徹)의 고문체이다."(徹, 通也. 从彳·从攴·从育. 一曰相臣. 徹, 古文徹.)

소전의 자형은 또 드물게 보이는 력(鬲)자를 흔히 볼 수 있는 육(育)자로 오해하였기 때문에, 자형에서 표현하는 원래의 의미를 해석할 방법이 없었다. 다행히 고문의 자형(徹)이 남아 있어서, 갑골문 시대의 자형을 역추적하여, 이 글자의 원래 의미가 력(鬲)의 비어 있는 발을 깨끗이 씻는 데에서 비롯되었다는 것을 알게 되었다.

속이 빈 주머니 모양의 발을 가진 기물은 4천여 년 전 중국의 북부 지역에서 유행하기 시작했지만, 상나라에 이르러서는 그 수가 갈수록 적어졌다. 그리고 세척하기 불편하여 주머니 발의 높이도 점점 짧아졌다. 주나라 이후로 주머니 모양의 발은 더욱 낮고 얕아졌다. 어떤 것은 거의 속이 찬 발[實足]로 변하여 기물의 바닥과 같게 되었는데, 기물 몸통의 조금 부푼 구역만 사이가 뜨도록 표현했을 뿐이다.

❸

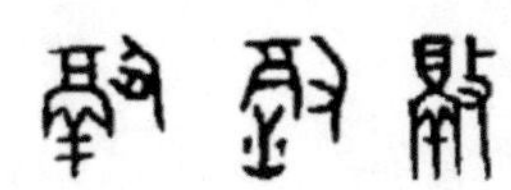

한나라 이후에 력(鬲)의 형태는 사라졌다. 소실 원인은 정(鼎)과 마찬가지로 부엌이 입체적인 부뚜막으로 바뀌었기 때문이다.

┃변형 짐승 무늬를 가진 위부인(衛夫人) 청동 력(鬲).
전체 높이 10.6센티미터, 지름 16.3센티미터, 남경시 박물관 소장. 서주 말기,
기원전 9세기~기원전 8세기.

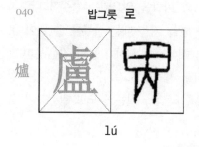

040 밥그릇 로

爐 盧

lú

음식을 끓이는 기구를 후세에서는 화로[爐子]라고 불렀다. 갑골문에서 로(盧)자는 두 가지 유형이 있는데, 하나는 원형❶인 로(盧)이고, 다른 하나는 소리부인 호(虎)를 더한 형성자형❷이다.

원형인 로(盧)자는 화로가 받침대 위에 놓인 모습이다. 자형의 변천 과정을 살펴보면, 초기 자형(𤯛)에서 윗부분의 전(田)자는 난로의 몸체를 나타내는 것이고, 아랫부분은 받침대를 나타낸 것이다. 필순의 문제로, 화로의 받침대와 화로의 몸통은 하나의 필획으로 바뀐다(𤰔). 그런데 이렇게 되면 화로의 형상이 분명하지 않아서, 다시 소리부인 호(虎)를 더하게 되었다(𧇂). 화로는 불을 피우는 장치로, 광석을 정련하는 용광로, 밥을 짓는 아궁이, 겨울에 손발을 따뜻하게 하는 손난로 등 그 기능이 다양하다.

❶

❷

갑골문에 있는 지명(,)은 화로와 바람을 일으키는 풀무가 나란히 있거나 위아래로 겹쳐진 형태이다. 보통 밥을 지을 때는 풀무를 쓸 일이 없다. 이는 용광로에서 고온으로 광석을 용해하기 위해서 풀무와 같은 설비가 필요한 것이다. 그렇다면 로(爐)자는 원래 용광로였고, 음식을 할 때는 정(鼎)과 력(鬲)을 사용했는데, 이후에 로(爐)도 밥을 짓는 용도로 발전하여 자형도 분화하기 시작한 것으로 보인다.

금문에서 로(爐)자❸는 의미부인 명(皿)을 더하여( ), 작은 용기의 명칭으로 사용되었다. 혹은 의미부인 금(金)을 더하여( ), 청동으로 제작한 불을 때우는 소형 기구의 명칭으로 사용되었다.

『설문해자』에서는 로(鑪)와 로(盧)에 대해 이렇게 풀이했다.

> "로(鑪)는 네모난 화로이다. 금(金)이 의미부이고, 로(盧)가 소리부이다."(, 方爐也. 从金, 盧聲.)
>
> "로(盧)은 밥을 담는 그릇이다. 명(皿)이 의미부이고, 종(从)이 소리부이다. 로( )는 로(盧)의 주문체이다."(, 飯器也. 从皿, 从聲. , 籒文盧.)

로(鑪)와 로(盧)는 또 각기 다른 기물의 명칭이 되었다. 로(鑪)자는 후에 필획이 비교적 적은 토기로 만든 로(罏)자와 불을 때우는 로(爐)자로 바뀌었다.

❸

▌사각 청동 화로[爐].
높이 17.8센티미터,
전국시대, 기원전
403년~기원전 221년.

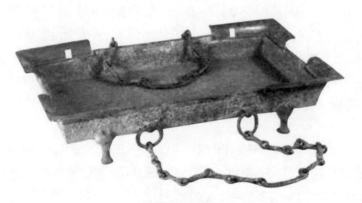

▌청동 화로[爐].
높이 12센티미터, 지름 60.2×32.8센티미터, 전국시대 말기, 기원전
3세기경.

▌ 청동 화로[爐].
높이 36.8센티미터, 아가리 33.5센티미터, 전국시대 말기, 기원전 3세기 경.

음식을 끓이는 화로에 대해 말하자면, 선진(先秦)시대에는 염로(染爐)라고 부르는 기구가 나타났다. 이런 화로는 몇 개가 하나의 세트로 이루어져 있다. 화로 자체는 사각이나 원형일 수 있지만, 중요한 것은 바닥에 몇 개의 불판구멍이 있다는 점이다. 이것으로 불에 탄 재를 아래쪽 바닥으로 떨어뜨려서 화로를 사용한 장소를 깨끗하게 유지할 수 있었다. 연회장에서 쓰는 것인 만큼 깨끗하게 사용할 필요가 있었던 것이다. 만약 일반 가정에서 사용하는 것이었다면, 이렇게까지 신경 쓰지 않았을 것이다.

화로에 부착된 구부러진 긴 손잡이는 뜨거운 난로를 손으로 쉽게 옮기기 위해 설계된 것이다. 난로에는 또 다른 이동이 가능한 이배(耳杯: 고대 중국에서 음식을 담는 그릇)가 있다. 이배에는 주로 젓국과 같은 조미료를 담았다. 고대에는 모두 조미료를 넣지 않고 고기를 물에 삶았다. 또한 즉석에서 삶아서 먹는 게 아니라 찬 것을 먹었다. 먹을 때, 고깃점을 이배에 담긴 따끈따끈한 젓국에 찍어 먹으면 맛도 있고 따끈따끈하다. 그래서 염로(染爐: 화로에 적시다)라고 이름 지어진 것인데, 현대의 소형 훠궈(火鍋)와 기능이 비슷하다(다음 쪽 그림).

▌양신가(陽信家) 명문이 든 청동 염로(染爐).
높이 10.3센티미터, 섬서성 흥평(興平)에서 출토, 서한 중기, 기원전 2세기 경.

제4부

음식 예절과 식기

음식을 익히는 기구는 손님 앞에 놓이는 것이 아니라서 그 모양을 신경 쓸 필요가 없다. 그러나 음료와 음식을 담는 기물은 손님 앞에 차려지게 된다. 그래서 연회 때 주인의 부를 과시하기 위해 식기는 비싼 재료로 만든, 형체가 아름다운 것이어야 하고, 식사의 분위기에도 맞는 것이어야 한다. 이렇게 음식과 관련된 예절과 기물도 중요한 문화적 내포를 지니고 있다.

음식문화에는 식기의 재질과 형태, 식사장소 선택, 식사순서, 기물의 배열, 식사예절 및 분위기를 돋우는 가무 등이 포함된다. 고문자에도 이러한 내용들이 반영되어 있다.

초기 사람들은 기물을 만들기가 쉽지 않았고 개인이 소지한 기물도 많지 않아 종종 가지고 있는 기물을 고정된 용도 없이 다 사용하였다. 그래서 용기는 물과 음식, 심지어 먹을 수 없는 물건까지 담을 수 있었다. 일단 경제가 풍족해지고 개인의 소유물이 많아지고 나서는, 기물마다 용도가 정해지게 되었고 점점 더 신경을 쓰게 되었다.

음식에 대해 살펴보면, 상나라 때는 이미 식사 분위기를 중시하였고, 주나라 때는 음식의 종류도 많았을 뿐만 아니라 진열 방식에도 일정한 규칙이 있었다. 『예기·곡례(曲禮)』에는 다음과 같은 식사예절이 기록되어 있다.

"음식을 올리는 예에는 뼈를 바르지 않은 고기[殽]를 왼쪽에 놓고 뼈를 바른 고기[胾]를 오른쪽에 놓는다. 마른 요리는 왼쪽에 놓고 국은 오른쪽에 놓는다. 회와 구운 고기는 바깥쪽에 두고 식초와 장은 안쪽에 둔다. 찐 파는 식초와 간장의 왼쪽에 놓고, 술과 미음은 오른쪽에 두며 말린 포수(脯脩)[생강과 계피로 양념한 육포는 수(脩)이고, 소금에 절여 말린 육포는 포(脯)이다.]는 모양이 굽은 것은 왼쪽에 놓고 곧은 것은 오른쪽에 놓는다."(凡進食之禮, 左殽右胾. 食居人之左, 羹居人之右. 膾炙處外, 醯醬處內, 蔥渫處末, 酒漿處右. 以脯脩置者, 左朐右末.)

상나라 때는 이처럼 엄격한 식사예절은 없었지만, 대체로 비슷하게 진설하였고, 귀족계급이 연회에서 사용하는 여러 기물에는 일정한 용도가 있었다.

상나라와 주나라 때 사용되었던 취사도구로는 력(鬲), 언(甗), 정(鼎), 증(甑), 부(釜), 조(灶)가 있고, 음식그릇으로는 궤(簋), 보(簠), 두(豆), 명(皿), 조(俎)가 있다. 술을 담는 기물로는 준(尊), 이(彝), 유(卣), 호(壺), 뢰(罍)가 있고, 술을 데우려면 작(爵), 각(角), 가(斝)를 사용했고, 술을 섞을 때는 화(盉)를 사용했으며, 술을 마실 때는 고(觚), 굉(觥)을 사용했다. 씻는 도구로는 반(盤), 이(匜), 감(鑒), 세(洗) 등이 있다. 이중에서 몇몇은 상형자로 표현되었다.

041 **벼슬 경**

qīng

042 **잔치할 향**

xiǎng

043 **향할 향**

xiàng

갑골문에서 경(卿)자❶는 두 사람이 음식 앞에 무릎을 꿇고 마주 앉아 식사하는 모습이다. 음식은 대개 두(豆)라는 용기에다 가득 담겨 있는데(⩜), 가끔 술병이기도 했다. 무릎을 꿇고 서로 마주 앉아 있는 두 사람이거나 입을 벌린 모습이기도 하다().

금문❷의 자형은 원래의 구조를 대체로 유지하고 있다.

『설문해자』에서는 경(卿)에 대해 이렇게 풀이했다.

"경(卿)은 장(章)과 같아 이치에 밝은 사람을 말한다. 육경(六卿)은 천관(天官)인 총재(塚宰), 지관(地官)인 사도(司徒), 춘관(春官)인 종백(宗伯), 하관(夏官)인 사마(司馬), 추관(秋官)인 사구(司寇), 동관(冬官)인 사공(司空)을 말한다. 란(卵)이 의미부이고, 급(皀)이 소리부이다."(卿, 章也. 六卿: 天官, 塚宰; 地官, 司徒; 春官, 宗伯; 夏官, 司馬; 秋官, 司寇; 冬官, 司空. 从卵, 皀聲.)

허신은 경(卿)자를 경사(卿士: 고관대작)의 뜻으로 해석하였다. 그러나 갑골복사에서 이 글자의 주된 의미는 '향연(饗宴: 잔치)'과 '상향(相嚮: 서로 마주하다)'이다.

경(卿)자는 두 귀족 계급의 경사(卿士)가 식사하는 모습을 표현한 것이다. 귀족이나 교양 있는 사람은 마주 보고 식사를 하며 자리를 함부로 하지 않았다. 그래서 『논어·향당(鄕黨)』편에는 "자리가 바르지 않으면 앉지 않았다.(席不正不坐)"라는 말이 있다.

'경사(卿士)', '향연(饗宴)', '상향(相嚮)'이라는 세 가지 의미는 모두 귀족의 식사 예절과 관련이 있다. 『설문해자』에서는 급(皀)을 소리부로 하는 형성자로 분석하였으나, 이는 명백히 잘못된 것이다. 이후 각자의 의미를 더 명확하게 하기 위해, 경(卿)자의 아래에 식(食)과 향(向)을 더해, 각각 경(卿), 향(饗), 향(嚮)자가 되었다.

044 곧 즉

 jí

갑골문에서 즉(即)자❶는 막 음식을 먹으려 자리하는 사람의 동작을 나타내고 있는데, 도착해서는 음식 앞에 무릎을 꿇고 앉아 있는 모습(🍶)이거나 아직 앉지 않은 모습(🍶)을 보여준다.

즉(即)자는 일종의 시간부사로, '곧'이라는 추상적인 의미로 쓰이는데, 막 음식을 먹으려 하는 동작을 빌려와 '곧 일어날' 상황을 표현했다. 이 두 글자(🍶, 🍶)는 시간상의 전후 관계를 나타낸다. 하나는 이미 자리를 잡은 것이고, 다른 하나는 곧 자리를 잡을 상황이다.

갑골문에서 🍶은 '곧'이라는 뜻이지만, 🍶은 사람의 이름이다. 이 두 글자에 차이점이 있는 것이다. 그러므로 금문❷에서는 이미 자리를 잡은 자형만 남게 되었다.

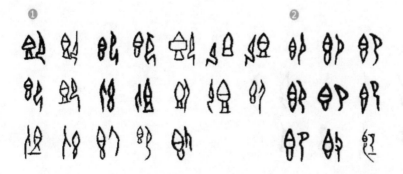

『설문해자』에서는 즉(卽)에 대해 이렇게 풀이했다.

　"즉(卽)은 곧 식사를 하려는 모습이다. 조(皀)가 의미부이고, 절(卩)
　이 소리부이다."(𣛠, 卽食也. 从皀, 卩聲.)

　허신은 절(卩)자가 사람의 형상인 것을 몰랐기 때문에 즉(卽)자를 형
성자로 설명하였다.

　갑골문에서 절(卩)자❸는 이 자형이 포함된 글자들을 살펴보면, 이
것은 절대적으로 무릎 꿇고 앉아 있는 사람의 모습을 표현한 것이다.

그런데 『설문해자』에서는 절(節)자의 원시자형이라고 오해하여, 절(卪)에 대해 이렇게 풀이하였다.

> "절(卪)은 천자가 제후에게 수여하여 신표로 삼은 옥을 말한다. 나라를 지키는 사람은 옥으로 만든 부절을 사용하고, 도읍과 시골을 지키는 사람은 뿔로 만든 부절을 사용하며, 산림을 지키는 사람은 호랑이 모양의 부절을 사용한다. 토지를 지키는 사람은 사람 모양의 부절을 사용하고, 소택을 지키는 사람은 용 모양의 부절을 사용한다. 관문을 지키는 사람은 닫을 때는 대나무로 만든 부절을 사용하고, 재물을 관리하는 사람은 도장 부절을 사용하며, 도로를 지키는 사람은 깃발 부절을 사용한다. [절(卪)은 두 쪽으로 나눈 것이] 서로 부합하는 모습을 그렸다. 절(卪)로 구성된 글자들은 모두 절(卪)이 의미부이다."(卪, 瑞信也. 守邦國者用玉卪, 守都鄙者用角卪, 使山邦者用虎卪, 土邦者用人卪, 澤邦者用龍卪, 門關者用符卪, 貨賄者用璽卪, 道路用旌卪. 象相合之形. 凡卪之屬皆卪.)

허신은 이 자형이 포함된 글자들을 전부 잘못 해석하였다.

우리는 즉(卽)자를 통해 식사를 할 때 무릎을 꿇고 앉아서 먹는 것이 고대의 기본예절이라는 것을 알 수 있다.

045 **이미 기**

既

ji

일상생활 속에서 어떤 일을 '이미 했다', '완성했다'와 같은 추상적인 시제를 표현할 글자가 필요했다.

갑골문에서 기(既)자❶는 무릎을 꿇고 앉아 식사를 하는 사람이 음식 앞에서 입을 벌리고 있는 모습(爵)이거나, 음식을 등지고 있는 모습(爵)이다.

이 글자는 어떤 일이나 동작이 '이미' 끝났음을 표현했다. 추론해보면 입을 벌리는 것은 식사를 마쳤다는 뜻이다. 이것은 옛사람들의 습관인 것으로 보인다. 정식 연회에서는 늘 시중드는 사람이 있어서, 식사하는 사람은 무릎 꿇고 앉아 앞의 요리를 즐기면 된다. 만약 멀리 차려진 음식을 먹으려면 시중드는 사람이 대신 가져다준다. 식사가 끝나면 입을 벌려 고개를 옆으로 돌려 식사가 끝났음을 표시해서 시중드는 사람이 식기를 치우게 하였다. 간혹 그릇의 밥을 이미 다 먹고는 한 그릇을 더 추가하고 싶다는 뜻을 나타내기도 했다. 식사 후 자주 딸꾹질을 할 수도 있는데, 고개를 돌려 딸꾹질을 하여 예의를 표현하였다.

❶

금문❷의 자형은 대부분 입을 벌리고 고개를 돌린 형상인데, 가끔 음식을 등지고 있는 형상을 하고 있다.

『설문해자』에서는 기(既)에 대해 이렇게 풀이했다.

> "기(既)는 조금 먹다는 뜻이다. 급(皀)이 의미부이고, 기(旡)가 소리부이다. 『논어』에서는 '[고기를 비록 많이 먹었지만] 밥 기운을 이기게 하지는 않으셨다.'라고 하였다."(鎁, 小食也. 从皀, 旡聲. 論語曰: 不使勝食既)

허신은 기(既)를 기(旡)를 소리부로 하는 형성자로 분석하였다.

또 『설문해자』에서는 기(旡)에 대해 이렇게 풀이했다.

> "음식이 기를 거슬러 숨을 쉴 수 없는 것을 기(旡)라고 부른다. 흠 (欠)의 반대 모습이다. 기(旡)로 구성된 글자들은 모두 기(旡)가 의미부이다. 기(夫)는 기(旡)의 고문체이다."(旡, 飮食屰(逆)气不得息曰旡. 从反欠. 凡旡之屬皆从旡. 夫, 古文旡)

허신은 기(旡)의 자형이 식사와 관련이 있다는 것도 알았지만, 기(既) 자를 여전히 형성자로 분석하였다.

❷

046 **버금 차**

cì

갑골문에서 차(次)자는 한 사람의 입에서 작은 것들이 뿜어져 나오는 모습(⿱, ⿱)인데, 무릎을 꿇거나 서 있는 형상이다. 그러나 금문❶에서는 대부분이 서 있는 형상이다.

『설문해자』에서는 차(次)에 대해 이렇게 풀이했다.

"차(次)는 '버금'이라는 뜻이다. 흠(欠)이 의미부이고, 이(二)가 소리부이다. 차(㳄)는 차(次)의 고문체이다."(⿱, 不前不精也. 从欠, 二聲. 㳄, 古文次)

허신은 형성자로 분석하였을 뿐 더 해석을 하지 않았다. 이 글자는 무릎 꿇고 앉아서 밥을 먹는 자형이 서 있는 자형보다 먼저다.

고대의 연회에서는 실례되는 행위를 해서는 안 된다. 『논어·향당(鄕黨)』에는 '식불어(食不語)'라는 구절이 있는데, 음식을 먹을 때 말을 해서는 안 된다는 뜻이다. 왜냐하면 사람들이 함께 음식을 먹으면서 말을 하면 침이나 밥알이 입에서 튀어나와 요리를 더럽히기 때문이다.

❶

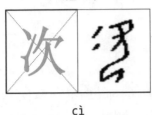

차(次)자는 밥을 먹을 때 음식이 입에서 뿜어져 나오는 예의 없는 행동을 묘사하였다. 이로부터 '열등하다는 의미가 파생되었다. '순위'는 추상적인 개념으로, 옛사람들은 일상생활에서의 고상하지 못한 행위(입에서 뭔가가 튀어나오는)를 교묘하게 차용하여 문자를 만들었다.

선진(先秦)시대 문헌에서는 연회를 언급하면서 여러 가지 실례되는 행위를 기록하였다. 예를 들어 『예기·곡례상(曲禮上)』에서는 다음과 같이 제시하고 있다. 입구의 밥을 공용 식기에 도로 넣지 말 것, 씹을 때 소리를 내지 말 것, 뼈를 갉아먹지 말 것, 먹었던 생선을 도로 놓지 말 것, 뼈를 개에게 먹이지 말 것, 특정한 것만 먹지 말 것, 밥알을 골라 열기를 빼앗지 말 것, 식사를 할 때 이를 쑤시지 말 것, 스스로 국의 맛을 조절하지 말 것 등이다.

047 **침 연/선**

涎

xián

차(次)자와 자형이 비슷한 글자로는 연(涎)자가 있다. 갑골문에서 연(涎)자는 입을 벌린 채로 침을 흘리고 서 있는 사람의 모습(𣶒)이다.

가장 흔한 경우는 맛있는 음식을 보고 침이 절로 나오는 것이다. 귀족들의 연회에서 이 모습은 보기 흉하고 예의를 잃은 행동으로 여겨졌다. 흘리는 침방울은 나중에 수(水)자로 통일되었다.

『설문해자』에서는 연(涎)에 대해 이렇게 풀이했다.

"연(涎)은 맛있는 것을 생각하고 입에서 침이 나오는 것을 말한다. 흠(欠)과 수(水)로 구성되었다. 연(次)으로 구성된 글자들은 모두 연(次)이 의미부이다. 연(㳄)은 연(次)의 혹체인데, 간(侃)으로 구성되었다. 연(㵪)은 연(次)의 주문체이다."(㳄, 慕欲口液也. 从欠·水. 凡次之屬皆从次. 㳄, 次或从侃 㵪, 籒文次)

연(次)자와 차(次)자의 자형에는 점 하나의 차이밖에 없기 때문에 헷갈리기 쉽다. 그래서 형성자인 연(涎)자를 따로 만들었다. 주문체도 차(次)자의 자형과 구별해야 했기에, 두 개의 수(水)로 침이 많다는 것을 강조했다.

연(次)자의 침이 음식과 관계가 있는 건, 다음의 도(盜)자에서 또 확인할 수 있다.

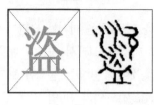

048 훔칠 도

dào

금문의 도(盜, 𥋇)자는 주문의 연(次)자와 명(皿)자로 구성되었다.

『설문해자』에서는 도(盜)에 대해 이렇게 풀이했다.

"도(盜)는 사사로이 물건을 탐하는 것을 말한다. 연(次)과 명(皿)으로 구성되었다. 연(次)은 탐하다는 뜻이다. 그릇에 담긴 음식을 탐하는 것이 도(盜)이다."(𥋇, 厶(私)利物也. 从次·皿. 次, 欲也. 欲皿為盜.)

허신은 도(盜)자에 대해서 명확하게 설명한 것이 아니라, 한 사람이 다른 사람의 그릇을 좋아해서 훔쳐 가지려고 한다고 말했다. 이는 이 글자를 만든 핵심적인 의미를 오해한 것이다.

도(盜)자는 한 사람이 접시에 담긴 음식을 보고 입에 침을 흘리면서, 몰래 맛보고 싶어 하는 모습이다. 한자는 네모난 형태를 추구하여, 접시의 위치를 약간 오른쪽으로 옮겼는데, 마치 사람이 접시 위에 서 있는 것처럼 보인다.

『춘추좌씨전·선공(宣公)』 4년 조의 기록을 보면 도(盜)자를 만든 배경을 알 수 있다. 자공(子公)과 자가(子家)가 진(晉)나라의 정영공(鄭靈公)을 만나러 갈 때, 자공의 집게손가락이 갑자기 떨리기 시작했다. 자공은 자가에게 그의 집게손가락이 이렇게 떨릴 때마다 맛있는 음식을 먹을 수 있는 식복이 있다고 말했다. 궁전에 들어서자 요리사들이 마침 자라를 손질하고 있어 두 사람은 서로를 마주보며 활짝 웃었다. 정영공이 두 사람이 웃는 이유를 묻자, 자공이 조금 전 이야기를 해주었다. 정영공은 일부러 농담을 하면서 자공에게 자라탕을 대접하지 않았다. 그러자 자공은 화가 나서 집게손가락으로 솥에 국물을 찍어 입에 넣어 맛보고는 크게 화를 내며 가버렸다.

춘추시대에는 젓가락과 숟가락으로 밥을 먹고 국을 마시는 습관이 없었다. 밥은 손으로 집어서 먹었고, 국은 들고 마셨다. 그래서 자공이 매우 자연스럽게 집게손가락에 국물을 찍어 먹었던 것이다. 맛있는 음식을 보고 침을 많이 흘리는 것은 당연한 일이기에, 도(盜)자로 미리 한 입 먹어보고 싶은 마음을 표현한 것이다.

049

대야 관

guàn

한나라 이전의 사람들은 손으로 음식을 집어 먹었기 때문에 밥을 먹기 전에 먼저 손을 씻어야 했다.

갑골문에서 관(盥)자❶는 한 손으로 대야에서 손을 씻고 있는 모습이다. 이 글자의 창제의미와 진(盡, 🖋)자에는 약간의 차이점이 있다. 진(盡)자는 한 손으로 털을 쥐고 접시를 깨끗이 씻는 모습인데 반해, 관(盥)자는 접시를 씻는 게 아니라 손을 씻는 동작을 표현하였다.

손을 씻으려면 두 손을 사용해야 하기에, 갑골문의 자형은 그렇게 적절해 보이지 않는다. 그런데 금문에서 한 손이 두 손으로 바뀌었고, 물방울도 수(水, 🖌)자로 바뀌면서, 두 손을 대야에 담가 물로 깨끗이 씻는 모습❷을 정확히 표현하였다.

수(水)자는 갑골문에서 주로 한 줄기 강의 형상을 나타낸다. 하지만 위치가 고정되지 않은 물방울은 문자의 규율화에 부합하지 않는다. 그래서 수(水)자로 물방울의 의미를 개괄하였다.

❶   ❷

『설문해자』에서는 관(盥)에 대해 이렇게 풀이했다.

"관(盥)은 손을 씻는다는 뜻이다. 두 손과 물이 대야에 들어있는 모습이다. 『춘추전』에서는 '대야를 들어 손을 씻는다.'라고 했다."(盥, 澡手也. 从臼·水臨皿也. 春秋傳曰: 奉匜沃盥)

『예기·내칙(內則)』에 "세수 물을 올릴 때, 젊은 사람은 대야를 받들고, 나이든 사람은 물을 받들며, 물을 부어 세수하기를 청한다. 세수를 마치면, 수건을 드린다.(進盥, 少者擧盤, 長者奉水, 請沃盥, 盥卒授巾.)"라는 구절이 있다. 이는 젊은 사람(시종)은 두 손으로 대야를 들고 있고, 나이 든 사람(주인)은 두 손으로 주전자를 든 채 물을 부어 손님의 손을 씻게 하고, 손님이 손을 다 씻은 다음에는 수건을 들어 물기를 닦게 한다는 의미이다. 이것이 가장 간곡하게 손님을 대하는 방법이다.

갑골문에서 유사한 자형이 하나 더 있는데, 의미가 분명치 않아 현재의 동의자와 서로 대응될 수 없다. 자형은 손잡이가 있는 구부러진 형태의 용기에서 액체를 기울여서 다른 그릇에 넣는 모습(𣲷)이다. 때로 두 손을 더하여 조작하는 모습(𣲷)도 보인다. 사용 의미로 봤을 때, (물이 다른 용기로 들어가는) 추가된 동작에 중점을 두고 있다. 이 글자는 군사적 행동과 관련이 있는데, 인원을 늘리고 충원한다는 의미를 가지고 있다. 아마도 군사적인 상황에서 군사를 증원해 어느 한 군대에 보내는 상황이었을 것이다. 𣲷, 𣲷의 정확한 의미는 모르지만, 이 글자가 묘사하는 기물과 용도는 식사예절, 손 씻는 그릇과 모두 관련이 있다는 것을 알 수 있다.

상나라에는 류(流: 물이 흘러나오도록 한 주둥이)가 있는 배 형태의 용기가 있다. 기물의 아가리 한쪽 끝에는 비스듬히 뻗어 나오는 관류(寬流)가 있고, 다른 한쪽 끝에는 손잡이가 있다. 용기 본체의 단면은 타원형이고, 아래쪽에는 두루마리 발이 있으며, 모두 동물의 머리모양을 한 덮개(151쪽 그림)가 있다. 그런데 이들 용기에 새겨진 명문에서는 어떤 명칭의 기물인지를 설명하지 않았다.

처음에 학자들은 이 기물의 형상이 주나라의 청동기 명문에서 밝힌 이(匜)라는 용기와 매우 비슷하여, 이(匜)라고 명명하였다. 이후에 이 기물의 명문에서 '준이(尊彝)'라고 밝혀, 준(尊)이 술을 담는 기물로 여겨졌다. 학자들은 이를 제사에 사용하는 술을 담는 기물이지, 얼굴이나 손을 씻는 기구일 리가 없다고 여겼다. 그런데 『시경·주남·권이(卷耳)』에 "내가 잠시 저 외뿔소 잔에 술 따르고(我姑酌彼兕觥)"라는 구절이 있어, 학계에서는 이 기물을 굉(觥)으로 부르기 시작했다.

그러나 기구의 형체로 볼 때, 굉(觥)에 관류(寬流)가 있는 것은 대량의 액체를 쏟기 위해 만들어진 것으로, 술그릇 같아 보이지 않는다.

손님을 위한 기구를 마련할 때 손을 씻는 접시도 있고 그에 어울리는 물그릇도 있을 텐데, 이 물그릇이 바로 굉(觥)일까?

『의례·공사대부례(公食大夫禮)』에서는 "하인이 손을 씻는 접시를 준비하여, 동당의 아래에 두었다.(小臣具盤匜, 在東堂下.)"라는 구절이 있다. 주나라 귀족의 집은 지반이 지면보다 높고 위아래 층으로 나뉘어져 있다. 대청에서 연회를 준비하고, 손을 씻는 접시[盤匜]를 대청의 아래에 둔 것은, 대청을 깨끗하게 유지하는 한 편, 손을 씻는 사람들이 연회의 사람들을 방해하지 않게 하기 위함이다.

출토된 유물에도 반(盤)과 이(匜)를 세트로 놓아두었다. 이(匜)의 명문에도 "강승(姜乘)을 위해 반(盤)과 이(匜)를 만든다"라는 구절이 있는 것으로 보아, 반(盤)과 이(匜)를 세트로 사용한 유래가 이미 오래되었음이 분명하다. 상나라 말기에는 청동쟁반의 수가 많았기에, 이와 함께 물을 따르는 기구가 없어서는 안 되었다. 뚜껑이 없는 것을 제외하면, 이(匜)는 굉(觥)의 형체와 완전히 똑같다. 뚜껑이 없어도 물을 따르는 데는 지장이 없고, 오히려 뚜껑이 있는 것이 더 번거롭다. 그래서 몇몇 뚜껑이 있는 것 말고는, 이것이 나중에 이(匜)가 덮개와 세트가 아닌 주된 원인일 수 있다.

굉(觥)은 제사에서도 사용되었기 때문에 세면기구가 아니라는 주장도 있다. 그렇지만 이러한 이유는 억지스러운 면이 없지 않아 있다. 귀신은 인간이 창조해 낸 것으로, 인간의 가치와 습관을 반영한다. 사람이 손으로 밥을 먹는 이상, 식사 전에 손을 씻는 것은 귀신도 예외가 아니다. 대만의 민간에서는 삼신, 칠석(七夕)할머니 등 일부 여자신령들에게 일반적인 음식 외에 수건, 대야, 연지 등을 바치는 경우도 있다. 이를 통해, 세면기구가 절대적으로 신에게 제사 지내는 상황에서 나타날 수 없다는 게 아니라는 것을 알 수 있다.

한나라 때부터 젓가락으로 밥을 먹기 시작하면서 식사 전 손을 씻을 때 사용하는 대야[匜]도 사라졌다.

▌사슴머리덮개 청동
굉(觥).
높이 20.3센티미터,
길이 26.5센티미터,
캐나다 로열 온타리오
박물관소장. 상나라
말기, 기원전
13세기~기원전 11세기
경.

▌청동 대야[匜]. 높이 13.4센티미터, 아가리의 길이와 너비
19.4×18.10센티미터. 청동 쟁반[銅盤], 높이 12.8센티미터, 지름 41.6센티미터,
전국시대 초기, 기원전 5세기 경.

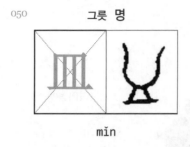

050
그릇 명

min

갑골문에서 명(皿)자❶는 둥근 몸체와 두루마리 발이 있는 용기를 그렸다. 두 귀를 드러낸 자형도 있는데, 아마도 크기가 비교적 큰 기물이라 귀를 잡고 쉽게 옮길 필요가 있었을 것이다.

명(皿)은 크기나 용도가 정해진 것이 없다. 식사용 기물로도 사용되었고, 다른 용도로도 사용되었다. 예를 들어 군사가 맹세를 할 때 피를 가득 담을 때도 사용되었고, 몸을 씻을 수 있을 정도로 크기도 했다.

금문❷의 자형은 기물의 귀 부분이 이미 잘 못 변했고, 금(金)의 부호가 더해져 금속으로 주조한 것이지 도토로 빚은 것이 아님을 나타내었다.

『설문해자』에서는 명(皿)에 대해 이렇게 풀이했다.

"명(皿)은 식사를 할 때 사용하는 기물이다. 상형이다. 두(豆)와 같은 뜻이다. 명(皿)으로 구성된 글자들은 모두 명(皿)이 의미부이다. 맹(猛)과 같이 읽는다."(皿, 飯食之用器也. 象形. 與豆同意. 凡皿之屬皆从皿. 讀若猛.)

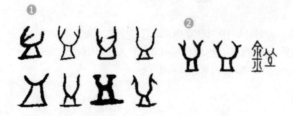

051 **콩 두**

dòu

연회에는 반드시 여러 요리가 존재하지만, 상나라의 문헌에서는 그 기록이 부족하여 알 수가 없다.

주나라의 연회 규모는 『의례(儀禮)』에 기록된 「공사대부례(公食大夫禮)」를 예로 들 수 있다. 제후연(諸侯宴)은 다른 나라의 하대부(下大夫)에게 식사를 청하려면, 다음과 같은 기물을 가지고 와서 진설해야 했다.

6개의 두(豆)를 가지고 와서 창포뿌리절임, 고기젓갈, 부추절임, 큰 사슴고기 젓갈, 순무절임, 사슴고기 젓갈을 진설한다. 6개의 궤(簋)로 세 개의 찰기장[黍]과 3개의 메기장[稷]을 담아 진설한다. 4개의 국그릇[鉶]으로 쇠고기 국 1그릇, 양고기 국 1그릇, 돼지고기 국 1그릇을 담는다. 7개의 제기에 소고기, 양고기, 돼지고기, 물고기, 소금에 말린 고기, 소·양의 창자와 위, 돼지고기의 껍질부위를 담는다. 2개의 제기[簋]에 벼[稻]와 기장[粱]을 담는다. 2개의 질그릇제기[鐙]에 나물을 넣지 않은 고기국물과 육장을 담는다. 2개의 단술과 1개의 술잔[觶] 및 여러 가지 음식을 16개의 두(豆)에 담는다.

만약 상대부를 초청했다면, 8두(豆), 8궤(簋), 6형(鉶), 9조(俎), 여러 가지 음식을 담은 20두(豆) 및 술 등의 음식을 내놓아야 한다. 반찬을 담는 기물은 다양하지만, 사람마다 자기 앞에 놓인 그릇에 음식을 갖다 놓고 먹는데, 이 용기가 바로 두(豆)이다.

갑골문에서 두(豆)자❶는 두루마리 발을 가진 둥근 몸통의 용기를 말하는데, 명(皿)자와 구별하기 위해 아가리의 테를 그려냈다. 이것이 용기의 기본 형태이다. 식사를 할 때, 두(豆)가 가장 기본적인 식기였기에, 다른 기물들은 글자를 따로 만들어 이름을 붙여주었다.

금문❷의 자형은 용기부분을 둥글게 그려 두(豆)의 독특한 자형으로 만들었고, 이는 명(皿)자의 자형과 확실히 구분되었다. 동그라미는 용기의 본체부분이며, 그 위에 분리된 한 줄의 짧은 가로획은 문자가 변화하면서 보이는 일반적인 현상이다.

『설문해자』에서는 두(豆)에 대해 이렇게 풀이했다.

"두(豆)는 고대에 고기를 담는 식기이다. 구(口)로 구성되었고, 상형이다. 두(豆)로 구성된 글자들은 모두 두(豆)가 의미부이다. 두(𠁁)는 두(豆)의 고문체이다."(豆, 古食肉器也. 从口, 象形. 凡豆之屬皆从豆. 𠁁, 古文豆.)

허신은 두(豆)를 고대에 고기를 담는 식기라고 하였지만, 폭넓은 해석은 아니다.

❶   ❷

「공사대부례」에서 알 수 있듯이 두(豆)는 개인용 식기일 뿐만 아니라 다양한 식품의 용기이기도 하다. 두(豆)의 용량은 대개 일정하여, 『고공기·재인(梓人)』에서는 "1두(豆)의 고기를 먹고, 1두(豆)의 술을 마시는 것이, 중인(中人)들의 식사이다.(食一豆肉, 飲一豆酒, 中人之食也.)"라고 기록되어 있다. 그밖에 모양이 비슷한 다른 용기들은 두(豆)보다 용량이 훨씬 컸다.

두(豆)는 개인이 식사할 때 반드시 있어야 하는 그릇으로, 연회에서 없어서는 안 되었다. 그래서 『시경·소아·빈지초연(賓之初筵)』에서는 "손님이 처음 자리에 앉을 때 좌우로 절을 하는 것이 질서정연하다. 변두(籩豆)가 깔끔하게 정리되어 있고, 안주와 과일이 매우 풍성하다. 술이 순하고 달아서 마시는 사람들이 모두 즐거워한다.(賓之初筵, 左右秩秩. 籩豆有楚, 肴核維旅. 酒既和旨, 飲酒孔偕.)"라고 했는데, 식기에서 두(豆)만 언급하였다.

고대 청동기의 도안에 근거하면, 연회 장소에서도 발이 높은 두(豆)를 음식기구로 사용했다. 아래에 있는 그림을 보면, 왼쪽 상단 모퉁이에 서 있는 하인이 우산을 들고 무릎을 꿇은 주인의 그늘을 가리고 있다. 주인의 앞에는 높은 발을 가진 두(豆)가 두 개 있고, 이어서 두 명의 손님이 잔을 들어 주인에게 술을 바치고 있다. 그 주위에는 음악을 연주하고 춤을 추는 사람들이 있다.

한나라 이전에는 젓가락으로 밥을 먹는 습관이 없었고, 모두 손을 사용하였다. 위의 청동기 도안과 같이 두(豆)는 손에 들고 사용하는 것이 아니라 젓가락으로 반찬을 두(豆)에 끼워서 손으로 먹는 것이다. 무릎 꿇고 앉는 습관에 맞추기 위해 두(豆)는 다른 용기보다 더 높은 두루마리 발을 가져, 무릎 꿇고 앉은 사람의 입 가까이에 댈 수 있도록 하여 먹기 편하게 하였다.

▌전국시대 초기, 청동술병의 무늬.

초기의 두(豆)에는 뚜껑이 거의 없었으나, 전국시대가 되면서, 아름답게 장식한 고급 두(豆)에는 보편적으로 뚜껑이 있었다. 또 두(豆)의 뚜껑은 거꾸로 놓으면 또 다른 그릇이 되었고 뚜껑의 손잡이는 용기의 발이 되었다. 두(豆)의 뚜껑은 보온이나 방진이 주요 기능이 아니라, 당시의 식사예절과 관련이 있을 가능성이 크다.

위에서 언급한 『예기·곡례상(曲禮上)』의 "입구의 밥을 공용 식기에 도로 넣지 말 것, 씹을 때 소리를 내지 말 것, 뼈를 갉아먹지 말 것, 먹었던 생선을 도로 놓지 말 것, 뼈를 개에게 먹이지 말 것" 등은 식사예절의 금기를 말하고 이다. 이때 용기에 먹다 남은 뼈 찌꺼기를 담는 일이 상대적으로 필요하다. 두(豆)의 뚜껑은 또 다른 용기의 형태(다음 쪽 그림)로 설계돼 있어, 이러한 용도로 사용됐을 가능성이 높다.

한나라 이후에는 밥그릇을 손에 쥐고 젓가락으로 밥을 먹었다. 높은 발의 토기로 만든 두(豆)나 청동으로 만든 두(豆)는 무게가 너무 무거웠기 때문에 들기 불편했다. 그래서 비교적 가볍고 정교한 그릇으로 대체되었다. 그런데 두(豆)가 점점 식기로 사용되지 않자, 전국시대에는 콩류의 식물을 지칭하는 것으로 바뀌게 되었다. 한나라 이후로 두(豆)와 같은 용기는 보이지 않게 되었고, 또한 두(豆)를 식기로 지칭하는 일도 없게 되었다.

┃황금과 녹송석으로
상감한 기하 무늬 청동
두(豆)와 뚜껑.
높이 23.5센티미터,
캐나다 로열 온타리오
박물관 소장. 동주,
기원전 400년~기원전
300년.

052

제기 이름 궤

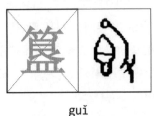

guǐ

봉건시대에는 계급에 따라 모든 사물을 달리하여 추구하였는데, 자연히 식사도 예외가 아니었다. 주나라에서는 연회에서 식사하는 사람의 계급을 반영하여 식기를 배치하였다.

천자는 9정(鼎)8궤(簋), 제후는 7정6궤, 대부 아래는 차례대로 5정4궤, 3정2궤이다.

정(鼎)과 궤(簋)는 주요 요리의 색깔을 담고 있어 식기의 규모를 대표한다. 정(鼎)은 본래 음식을 끓이는 용기였지만, 점차 진열하는 용도로도 사용되었다.

궤(簋)는 두(豆)와 모습이 비슷하지만 크기가 훨씬 크다. 순수하게 기물의 형체만으로 궤(簋)로 대표되는 문자를 만든다면, 두(豆)와 혼동하기 쉽다. 그래서 갑골문에서 궤(簋)자❶는 한 손으로 숟가락을 쥐고 궤(簋)에 가득 담긴 밥을 먹는 모습이다. 궤(簋)와 두(豆)의 그림은 매우 구분하기 어렵기에, 궤(簋)에 있는 음식과 손에 든 숟가락을 특징으로 하여, 궤(簋)의 용도가 두(豆)와 다르다는 것을 강조했다.

❶

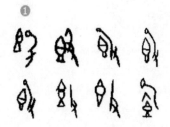

일부 자형(　)은 숟가락을 방망이로 잘 못 그린 것도 있다. 금문❷의 자형은 대체로 갑골문의 형태를 유지하고 있지만, 주로 궤(簋)의 두루마리 발을 반원모양으로 그려, 용기의 형상인지 쉽게 알아보기 힘들게 바뀌었다.

　　이 글자는 『설문해자』에서 두 글자로 나누어지며, 이렇게 풀이했다.

　　"구부리다는 뜻이다. 수(攴)와 핍(皀)으로 구성되었다. 핍(皀)은 유(更)
　　의 고자이다. 구(廏)자가 이것으로 구성되었다."(　, 揉屈也. 从攴·皀.
　　皀, 古更字. 廏字从此)

　　자형은 분명히 갑골문과 금문의 궤(簋)자와 같은 형태이지만, 핍(皀)자가 음식이 가득 찬 두(豆)나 궤(簋)를 나타낸 것인지 알지 못했기 때문에, 관계가 전혀 없는 '구부리다'는 뜻으로 해석하였다.

❷

또 『설문해자』에서는 이렇게 풀이했다.

"궤(簋)는 찰기장과 메기장을 담는 네모난 기물이다. 죽(竹), 명(皿), 핍(皀)으로 구성되었다. 궤(𣪘)는 궤(簋)의 고문체이다. 방(匚), 식(食), 구(九)로 구성되었다. 궤(𣪘)는 궤(簋)의 고문체이다. 방(匚)과 궤(軌)로 구성되었다. 궤(朹)도 궤(簋)의 고문체이다."(簋, 黍稷方器也. 从竹·皿· 皀. 𣪘, 古文簋. 从匚·食·九. 𣪘, 古文簋. 从匚·軌 朹, 亦古文簋.)

이 자형과 이전 궤(簋)의 자형에 핍(皀)이 공통적으로 들어있다는 것만 빼면, 오히려 네모난 형태의 보(簠)와 같은 점이 더 많다. 『설문해자』에서는 궤(簋)를 기장을 담는 네모난 그릇이고, 보(簠)는 기장을 담는 둥근 그릇이라고 해석했다. 아마도 궤(簋)와 보(簠)의 형태가 맞바뀐 것처럼 보인다.

음식을 담는 청동 궤(簋)는 토기의 그릇 형태를 계승하였는데, 서주 초기에 이르러서는 어찌 된 일인지 두루마리 발의 아래에 가운데가 비어있는 상자 모양의 받침대(다음 쪽 그림)를 더하였다. 용기의 높이를 더 높게 하여 두(豆)에 있는 높은 발의 역할을 하는 것처럼 보이는데, 식사를 하는 사람의 입에 가까이 하기 위한 것인지 모르겠다. 그러나 중기 이후에 이런 형태는 사라졌다.

궤(簋)와 보(簠)는 모두 음식을 담는 식기로, 사용시대와 형태의 변화를 통해, 변화 과정을 대략적으로 알 수 있다. 새로움을 추구하기 위해서 둥근 형태를 바꾸고자 하였는데, 먼저 원각(圓角)을 네모난 형태로 바꾸고 수(盨)라고 불렀다. 그런 다음 또 다시 위가 넓고 아래가 좁은 원각의 형태로 고치고 보(簠)라고 불렀다. 마지막으로 네 귀퉁이가 사각으로 이루어진 전형적인 보(簠)가 만들어졌다(161~163쪽 그림).

네모난 용기는 세척할 때 구석구석 잘 지워지지 않기 때문에 전국시대에는 원형의 기물에 의해 도태됐을 가능성이 크다. 이후에 음식을 담는 이런 사각형의 용기는 보기 힘들어졌다.

┃네모 받침대를 가진 청동 궤(簋)와 뚜껑. 높이 37센티미터, 서주 초기, 기원전 11세기 경.

▌선부극(善夫克) 청동 수(盨)
높이 19.9센티미터, 지름길이 21.3센티미터, 서주 중기, 기원전 9세기 경.

▌직선 무늬를 가진 청동 보(簠).
전체 높이 36.3센티미터, 길이 55.8센티미터, 서주 초기의 후반부,
기원전 9세기 경.

▍청동 보(簠)

높이 19.8센티미터, 지름길이 28.3센티미터, 너비 23센티미터, 서주
말기, 기원전 9세기~기원전 8세기.

053

도마 조

zǔ

갑골문에서 조(俎)자❶는 제사를 지낼 때 자주 등장하는 기물이다. 이 글자의 방향을 바꿔보면 (◀▶), 평평한 용기에 두 덩어리의 고기가 놓인 모습이다. 어떤 때는 간략하게 한 덩어리의 고기만을 그린 경우도 있다.

고고학 발굴을 통해, 이 판자 밑에 네 개의 발(아래 그림)이 있어야 한다는 것을 알게 되어, 조감의 모습을 그렸다. 그런데 출토된 도마들은 모두 사각형인데, 갑골문은 오히려 한쪽 끝은 평평하고 한쪽 끝은 뾰족한 모습을 하고 있어, 비교적 초기의 형상일 것으로 짐작된다. 앞서 소개한 7~8천 년 전 곡물의 껍질을 빻는 돌 판도 한쪽 끝이 둥글고 한쪽 끝이 뾰족하다. 어떤 이유로 인해, 사용할 때 앞부분과 뒷부분을 구분할 필요가 있었을 것이다.

도마란 고깃덩어리를 놓는 도구이다. 앞글에서 음식을 나열하는 규칙을 말했는데, 말린 고기는 통째로 왼쪽에 놓고, 잘게 다진 고기는 오른쪽에 놓는다. 이후에는 이렇게 차리는 것을 강조하지 않아서, 용기도 네모난 형태로 바뀌었다.

❶

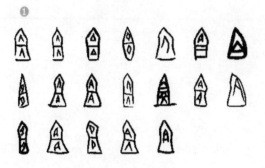

▌쌍방울[雙鈴]이 달린
청동 도마[俎].
길이 33.5센티미터,
너비 18센티미터,
높이 14.5센티미터,
서주 초기, 기원전
11~기원전 10세기.

▌청동 도마[俎].
높이 24센티미터,
길이 35.5센티미터,
너비 21센티미터,
춘추 시대 말기,
기원전 6~기원전
5세기.

금문❷의 자형에서 어떤 것은 두 덩어리의 고기가 도마의 바깥 부분으로 나왔으며, 다시 두 개의 복(卜)자로 단순화 되었다. 이것이 바로 소전의 자형이 되었다.

『설문해자』에서는 조(俎)에 대해 이렇게 풀이했다.

　"조(俎)는 제사 때 사용하는 도마를 말한다. 고깃덩어리의 반이 도마의 위에 있는 모습이다."(俎, 禮俎也. 从半肉在且上.)

고깃덩어리의 모양은 사라졌지만, 이 글자는 제사 때 지내는 고깃덩어리라는 의미가 있기 때문에 허신은 자형에서 고깃덩어리의 반이 도마의 위에 있다고 해석하였다. 두 덩어리의 고기는 자형의 축소를 거쳐 한 덩어리로 바뀌었으며, 마지막에는 고깃덩어리의 반으로 해석되었으니 재미있는 현상이 아닐 수 없다.

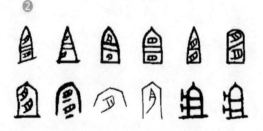

이상한 건, 이 글자가 독음도, 의미도 다른 의(宜)자를 대표한다는 점이다.

『설문해자』에서는 의(宜)에 대해 이렇게 풀이했다.

> "의(宜)는 편안하다는 뜻이다. 집[宀]의 아래와 일(一)의 위로 구성되었고, 다(多)의 생략된 모습이 소리부이다. 의(𡨜)는 의(宜)의 고문체이다. 의(𡩀)도 역시 의(宜)의 고문체이다."(宜, 所安也. 从宀之下, 一之上, 多省聲. 𡨜, 古文宜. 𡩀, 亦古文宜.)

자형으로 봤을 때, 도마의 바깥부분을 집[宀]과 일(一)로만 나누었기 때문에 또 다른 자형으로 변하게 되었고, 그래서 집과 관련된 형성자로 오해받은 것이다. 도마 위의 고깃덩어리가 어떻게 편안하다[安]는 의미와 관련이 있는 것일까? 고깃덩어리를 올려놓고 제사를 지내면 신령님의 가호가 있기 때문에 평안한 것인지, 아니면 단순히 소리를 차용한 것인지는 알 수 없다.

제5부

음주와 술그릇

한자는 음식을 크게 술과 국물 등 액체 상태의 '음(飮)'과 곡물, 요리 등 고체 상태의 '식(食)'이라는 두 종류로 나누었다. 변변치 못한 음식이라는 뜻의 '한 주먹의 밥과 표주박 한 바가지의 물(一簞食, 一瓢飮)'에서도 이 두 종류를 포함하고 있다.

고대 사람들이 음식을 섭취하는 진행과정을 살펴보면, 먼저 물이 있어야만 그 다음에 술이 나올 수 있다. 그래서 음(飮)자는 원래 물을 마신다는 의미였고, 그것이 창제의미의 근거가 된다.

산동성 대문구(大汶口) 문화의 기원전 2천9백년~기원전 2천3백년 경의 유적지에서 높이가 약 60센티미터인 밑이 뾰족하고 주둥이가 큰 회색 토기 항아리(다음 쪽 그림)를 흔히 볼 수 있다. 이런 항아리의 용량은 매우 커서 소수의 사람들이 단기간 내에 다 마실 수 있는 게 아니었다. 술을 저장하기 위한 것이라면 술의 향기가 증발하는 것을 막기 위해 주둥이를 작게 만드는 것이 일반적이다. 그러나 이 용기는 큰 주둥이로 되어 있어, 마실 물을 저장한 것으로 보인다.

이 기물은 밑이 뾰족해서 설 수 없기 때문에, 아랫부분은 흙 속에 묻어서 쉽게 움직이지 못 하게 하였다. 이는 꼭 갑골문의 전(奠, 豆)자가 표현하는 것처럼 밑이 뾰족한 기물의 아랫부분을 땅에 묻는 형상이어야 한다. 공공장소에, 심지어 작업장이나 수렵지에도 물을 공급하는 장소로 이용될 가능성이 높다. 그래서 용기에는 어떤 씨족의 공유물이라는, 가장 초기의 문자로 여겨지는 기호가 새겨져 있다.

▌넓은 아가리와 좁은 밑바닥을 가진 기호 새겨진 회색 토기
항아리[缸].
높이 60센티미터, 산동성 거현(莒縣)에서 출토(華101).
대문구(大汶口) 문화, 기원전 2천9백년~2천3백년 경.

054
마실 음

yǐn

갑골문에서 음(飲)자❶는 한 사람
이 주둥이가 큰 항아리(🍶)나 주둥
이가 작은 술통(🍶)을 내려 보고
서서 입을 크게 벌리거나 혀를 내
밀어 들이마시는 모습이다.

금문❷에 이르러 자형이 크게 바뀌었다. 먼저 사람의 형상이 단순화되
어, 머리에서 혀를 내미는 동작이 없어지고, 몸과 가로획 몇 개만 남게 되
었다(🍶). 그러다가 형상이 더 단순화되면서 몸이 없어지고, 유(酉)와 금(今)
과 같은 형상(🍶)이 남게 되었다. 그래서 음(飲)자의 구조가 유(酉)가 의미
부이고 금(今)이 소리부인 형성자로 오해받았다.

음(飲)자와 금(今)자의 독음은 원래 같은 운이 아니었을 것이다.

『설문해자』에서는 음(飮)에 대해 이렇게 풀이했다.

"음(飮)은 마시다는 뜻이다. 흠(欠)이 의미부이고, 염(酓)이 소리부이
다. 음(飮)으로 구성된 글자들은 모두 음(飮)이 의미부이다. 음(㿿)은
음(飮)의 고문체로, 금(今)과 수(水)로 구성되었다. 음(䣫)은 음(飮)의 고
문체로, 금(今)과 식(食)으로 구성되었다."(䣫, 歠也. 从欠, 酓聲. 凡飮
之屬皆从飮. 㿿, 古文飮从今水. 䣫, 古文飮从今食.)

소전의 자형은 의외로 금문보다 갑골문에 가깝다. 머리를 숙인 몸은
금(今)과 흠(欠)이라는 두 개의 자형으로 변했으므로, 전체 자형은 흠(欠)
이 의미부이고 염(酓)이 소리부인 형성자로 분석하였다. 게다가 염(酓)은
또 유(酉)가 의미부이고 금(今)이 소리부인 글자로 분석하였다.

갑골문에서 흠(欠, 彐)자는 한 사람이 입을 벌리고 있는 모습이다. 잠을
제대로 못 자서 산소 부족으로 하품을 하는 모양이라, '결핍'이라는 뜻이 생
겼다. 또한 입을 벌리고 있는 것과 관련된 의미부가 되었다. 이는 액체 상
태의 음식을 마신다는 창제의미에서 벗어난다. 고문체에서 수(水)가 의미부
이고 금(今)이 소리부인 글자와 식(食)이 의미부이고 금(今)이 소리부인 글
자는 크게 잘 못 바뀌었다. 식(食)과 흠(欠)으로 구성된 현재의 자형은 고문
체의 자형에서 변화한 것으로 보인다. 음(飮)은 액체 상태의 음식을 마시는
것이고, 식(食)은 고체 상태의 음식을 먹는 것이다. 현재의 음(飮)자는 자형
이 결코 합리적인 건 아니다.

갑골문에서 음(飮)자는 혀를 강조해 그림으로써 혀로 맛을 구분하는 기능을 강조했다. 음식을 따뜻하게 하는 것도 음식의 맛을 유지하기 위해서일 뿐이다. 중국인들은 요리를 잘한다. '음식'이라는 두 글자의 창제 의미로 봤을 때, 상나라 때 이미 음식의 맛을 중시하기 시작했다. 또한 예로부터 부장품들도 주로 음식의 기물들인 점으로 보아(상나라 때는 술그릇을 중시했고, 주나라 때는 음식그릇을 중시했다.), 음식을 즐긴 습관을 알 수 있다.

055

술 주

酒

jiǔ

음료가 때로 음식보다 더 중요할 때가 있는데, 가장 조촐한 식사를 하더라도 반드시 물이 필요하다. 그런데 술이 생기고 나서부터는 담담하고 맛이 없는 물을 대신하게 되었다. 술은 수많은 민족들이 일찍부터 양조한 음료로 알았으며, 손님을 대접하고 신을 섬기는 데 없어서는 안 되었다.

갑골문에서 주(酒)자❶는 술 항아리와 튀어나온 3개의 물방울의 모습이다. 이 글자를 만든 창제의미는 매우 이해하기 쉽지만, 사람들을 궁금하게 하는 게 한 가지 있다. 상나라의 술 항아리는 바닥이 모두 평평한데, 주(酒)자는 바닥이 대부분 뾰족한 자형이다. 왜 주(酒)자를 만든 사람은 존재하지도 않은 기물로 묘사한 것일까? 이는 언젠가 유럽의 술 문화 전시회를 참관하고서야 문득 깨닫게 되었다. 고대 유럽에서 북아프리카로 옮겨진 포도주를 저장한 용기는 의외로 바닥이 뾰족하다. 이는 앙소(仰韶) 문화 서왕촌(西王村) 유형의 바닥이 뾰족한 토기와 매우 흡사하며, 그 윤곽이 주(酒)자의 술 항아리 형상과도 똑같다(다음 쪽 그림).

❶

전시의 설명에 따르면, 술 항아리의 입구를 좁게 한 것은 밀봉을 쉽게 하기 위해서이고, 액체의 유출을 막기 위해서이다. 또 가늘고 긴 몸체는 사람이나 가축이 등에 짊어지기 쉽게 하기 위해서이고, 뾰족한 바닥은 손에 들고 술을 기울이기 편리하게 하기 위해서이다. 때로 뾰족한 바닥은 긴 손잡이 모양이 되기도 했는데, 예를 들어 갑골문에서 도(稻)자는 쌀이 들어있는 항아리의 뾰족한 바닥에 긴 손잡이가 있는 모습②이다. 상나라 때 쌀은 중국 남부 지역의 생산품으로, 잎사귀에 이삭이 달린 전체 줄기를 북부 지역으로 옮긴다면 운송비용이 늘어날 것이기 때문에 알갱이만 항아리에 담았다. 쌀을 가축으로 실어 나를 때, 유럽의 포도주처럼 가늘고 높은 항아리를 사용했을 것이다.

이렇게 주둥이가 좁고 긴 몸체에 바닥이 좁고 뾰족한 모양의 병은 앙소 문화유적에서 자주 보이는 기물이다. 그러나 묘저구(廟底溝) 유형 이후의 문화유적지에서는 볼 수 없거나 아주 드문데, 우물의 굴착과 관련이 있어 보인다.

❚ 작은 주둥이와 뾰족한 바닥을 가진 두 줄 무늬 붉은 색 토기 병(瓶). 높이 46.2센티미터, 반파 문화, 6천여 년 전.

비교적 초기 연대에서는 먼 곳의 하천에서 물을 길어 집으로 가져왔기 때문에, 항아리 몸체에 두 개의 둥근 손잡이를 달아서 밧줄을 등에 지고 집으로 돌아가기 편하게 했다. 이후에 소나 말과 같은 가축이 있게 되자, 가축의 등에 지고 옮길 수 있게 되어 더 이상 두 개의 손잡이로 밧줄을 연결할 필요가 없게 되었다. 예를 들어, 유목민족의 요(遼)나라나 금(金)나라는 높이가 반 미터가 넘는 가늘고 긴 질항아리를 만들어, 말이 술을 싣고 가기 쉽게 하였다.

이후에 사람들은 집 근처에 우물을 팠기 때문에, 먼 곳에서 물을 길어올 필요가 없게 되었고, 또 상술한 항아리 같은 기물들도 더 이상 필요 없게 되었다. 이는 상업적으로 술을 운반하는 도구였기 때문에, 상나라의 고분과 일반적인 가옥의 유적지에서는 이런 항아리가 보이지 않는다.

중국에서는 언제부터 술을 빚기 시작했을까? 실물로는 직접적으로 증명하기가 매우 어렵다. 술은 증발하기 때문에 밀봉된 용기에 담지 않고는 수천 년 동안 보관할 수 없다. 그래서 고대 사람들이 사용하던 술그릇을 가지고 간접적으로 추론할 수밖에 없다.

물을 담는 용기로 술을 담을 수는 있겠지만, 양자의 성격은 아무래도 달라서 형태에 차이가 있을 수밖에 없다. 6천 년 전 앙소 문화의 주요 토기는 분(盆), 발(鉢), 관(罐), 옹(甕), 병(瓶), 부(釜), 증(甑) 등의 주둥이가 큰 용기들인데, 이것들은 모두 물을 담는 용기이면서 식기라서 술의 증발을 방지하도록 설계되지 않았다. 용산 문화 말기에 이르러, 기원전 1천8백년 경에 준(尊), 뢰(罍), 화(盉), 규(鬶), 발이 긴 잔[高腳杯] 등후세의 술을 담는 용기와 같은 모양의 토기들이 새로 생겨났다. 이 중일부는 주둥이가 작고 배 부분을 크게 만들어서, 술이 쉽게 증발되지 않도록 설계되었다. 그러나 현재 앙소 문화의 주둥이가 좁고 긴 몸체에 바닥이 좁고 뾰족한 모양의 병에 대해서 새로운 견해가 나왔다. 앙소 문화의 일부 주둥이가 작은 술병의 기능에 대해서도, 술을 담는 용기인지 다시 생각해 볼 수 있을 것이다. 긍정적인 대답이 나온다면 술을 빚은 역사는 더 이전으로 올라갈 수 있을 것이다.

금문❸의 주(酒)자는 어찌된 일인지 초기에는 모두 3개의 물방울이 생략된 술 항아리의 형상만 존재했었다가, 이후에 물방울이 생겨났다(🍶, 🍶).

『설문해자』에서는 주(酒)에 대해 이렇게 풀이했다.

> "주(酒)는 취(就)와 같아 '따르다'는 뜻이다. 인성의 선과 악으로 나아가게 하는 바이다. 수(水)와 유(酉)가 의미부인데, 유(酉)는 소리부도 겸한다. 달리 '만들다'는 뜻이라고도 하는데, 길함과 흉함을 만들어내는 것이라는 뜻이다. 옛날 의적이 처음으로 막걸리 술을 만들었는데, 우임금이 맛을 보고 찬탄을 하였으며, [후세에 반드시 술 때문에 망하는 나라가 생길 것이라 여겨] 의적을 멀리하게 되었다. 두강이 처음으로 차조로 술을 빚었다."(酒, 就也. 所以就人性之善惡. 从水·酉, 酉亦聲. 一曰造也, 吉凶所造起也. 古者儀狄作酒醪, 禹嘗之而美, 遂疏儀狄. 杜康作秫酒.)

허신은 용산 문화의 하나라 때에 술을 빚기 시작했다고 여겼다.

❸

056

술 거를 숙

sù

최초의 술은 곡식의 알갱이로 양조하였다. 술은 식량을 대신하여 허기를 채워줄 수 없으므로, 반드시 농업 생산량이 충분하고 여유 식량도 있는 선결조건하에서 술 문화는 발전할 수 있다.

만약 생산되는 곡물로 충분히 배를 불릴 수 없다면, 사람들은 생활유지에 필요한 곡물로 술을 빚지 않을 것이다. 그래서 한 사회에서 술을 많이 마시는 습관이 있다면, 식량 생산이 충분하다는 것을 의미한다.

술은 처음 양조될 때 곡물 찌꺼기를 함유하고 있으므로, 찌꺼기를 걸러내야만 비로소 좋은 고급술이 된다.『설문해자』에서 말하는 술은 찌꺼기가 있는 술이고, 차조술[秫酒]은 여과된 술이다. 곡물로 술을 만들면 술에 찌꺼기가 꼭 들어있는데, 찌꺼기를 걸러내야 진한 술이 된다.

갑골문에서 숙(酋)자❶는 띠 풀을 묶은 단을 든 두 손이 술독의 옆에 놓인 모습인데, 띠 풀 묶음으로 술을 걸러내는 모습을 표현한 것으로 보인다. 금문에는 이 글자가 보이지 않는다.

❶

『설문해자』에서는 숙(茜)에 대해 이렇게 풀이했다.

"예의 규정에 따라 제사를 지내는 모습이다. 띠 풀 묶음에 관규를
더해 울창주를 붓는 것이 숙(茜)이다. (술이 띠 풀의 위에서 아래로
흘러내리는 것이) 마치 신이 술을 마시는 모습과 같다. 달리 숙(茜)
은 술그릇의 위가 뚜껑으로 막혀있다고도 한다. 유(酉)와 초(艸)로
구성되었다. 『춘추전』에서는 '그대들의 포모가 들어오지 않아, 천자
께서 제사를 하지 못하고 술을 거르지 못한다.'라는 구절이 있다."
(茜, 禮祭, 束茅, 加於祼圭, 而灌鬯酒, 是為茜. 像神飮之也. 一曰茜,
櫨上塞也. 从酉·艸. 春秋傳曰: 爾貢苞茅不入, 王祭不供, 無以茜酒.)

허신은 문자를 좀 더 구체적으로 띠 풀 묶음이 술독에 있어서 술을
여과하는 장면으로 바꾸었다.

상나라 때, 도대체 어떤 기구를 써서 술을 여과하는 지는 후대의 기
물을 통해 비교할 수 있다. 동주시대에 술 항아리가 있는데, 이 청동 술
항아리와 그 밖의 청동 술 항아리가 다른 점은 뚜껑에 밖으로 뻗은 여
섯 조각의 투조 연꽃잎에 있다. 게다가 이 뚜껑의 윗부분은 비어 있다.
뚜껑은 술이 증발하는 것을 막기 위해 설계된 것으로, 속이 비었다면
원래 뚜껑을 만든 의미가 사라지는 것이다.

제사에는 술을 사용해야 하고, 또 그 술에 향긋한 냄새까지 풍겨야 사
람들의 경건한 마음을 표현할 수 있다. 『설문해자』에서 숙(茜)자를 설명할
때, "그대들의 포모가 들어오지 않아, 천자께서 제사를 하지 못하고 술을
거르지 못한다.(爾貢苞茅不入, 王祭不供, 無以茜酒.)"라고 하여, 관중(管仲)
이 초나라의 죄상을 말한 부분을 언급하였다. 여기에서 숙주(茜酒)는 술을
걸러낸다는 뜻인데, 향모(香茅)를 사용해야 한다. 초(楚)나라가 직책을 소홀
히 하여 왕실에 공물을 바치지 않았기 때문에, 제(齊)나라가 왕실을 대신해
서 바른 도리를 말하며 초나라를 처벌하였다.

술을 거를 때 먼저 띠 풀 묶음을 술 항아리 위에 올려놓은 다음 술을 붓는다. 술이 띠 풀 묶음의 사이로 항아리 안에 떨어져, 찌꺼기를 걸러낼 뿐만 아니라 풀냄새도 묻힐 수 있다. 만약 허브를 끼워 넣을 물건이 없다면, 허브가 움직여 틈새가 생길 수 있는데, 이렇게 되면 찌꺼기가 항아리 안으로 떨어져 술의 품질을 떨어뜨리게 된다. 그래서 술 항아리 위에 바깥쪽으로 뻗은 꽃잎은 바로 허브를 끼우기 위해 만든 것이다. 이것이 항아리의 뚜껑이 비어 있고 여러 개의 꽃잎이 있는 이유이다.

상나라 때, 이런 형식의 술 항아리는 없지만, 술을 거를 필요는 있었다. 작(爵)과 가(斝)의 아가리에 두 개의 기둥이 있는데, 사람들은 이 기둥의 용도를 짐작하기가 쉽지 않다. 필자는 기둥의 역할이 이 술 항아리의 연꽃잎처럼 술을 거르는 띠 풀 묶음을 조이는 것이라고 본다. 술을 두 기둥 사이로 주입할 수 있는 것이다.

▌교룡이 빙 둘러싸고 있는 무늬에 연꽃잎 뚜껑과 둥근 귀를 가진 청동 술 항아리[壺]. 높이 47.4센티미터, 캐나다 로열 온타리오 박물관 소장. 동주, 기원전 5세기.

057

잔 작

jué

갑골문에서 작(爵)자❶는 기물의 형상으로, 모양이 매우 복잡한데 몇 가지 특징이 있다. 즉 아가리 가장자리에 기둥(↑)이 있고, 술을 흘려보낼 수 있는 류(流)가 있으며, 기물의 바닥에 3개의 발이 있다.

상나라의 기물과 비교해봤을 때, 학자들이 작(爵)이라고 부르는 술을 담는 기물일 수밖에 없다(다음 쪽 그림).

금문❷의 자형에서는 손이 하나 더 추가되었는데, 작의 크기가 매우 작기 때문에 한 손으로 잡을 수 있기 때문이다. 그런데 이러한 금문의 자형은 술잔의 상형을 쉽게 알아볼 수 없을 정도로 바뀌었고, 소전의 자형은 기물의 형상이라는 것을 더욱 이해하기 어렵게 변했다.

❶

❷

▌상나라 초기에서 말기까지의 청동 작(爵).
최고 높이 25.7센티미터, 현재 캐나다 로열 온타리오 박물관 소장.
상나라, 기원전 16~기원전 11세기.

『설문해자』에서는 작(爵)에 대해 이렇게 풀이했다.

"작(爵)은 예를 행할 때 사용하는 술그릇이다. 자형이 참새의 형상을
닮았다. 작(爵)의 가운데에 울창주가 들어 있다. 우(又)는 그것을 잡고
있는 모습이다. 그래서 작(爵)이 술을 마시는 그릇으로 사용되는 것이
다. 참새의 형상을 닮은 것은 작(爵)에서 술을 붓는 소리가 짹짹거리는
울음처럼 들리기 때문이다. 작(爵)은 작(爵)의 고문체로, 상형이다."(爵,
禮器也. 爵 象雀之形. 象爵之形, 中有鬯酒. 又持之也. 所以飮. 器象雀
者, 取其鳴節節足足也. 爵, 古文爵, 象形.)

허신은 작(爵)의 형상이 참새와 닮았다고 상상하였다. 술을 마시기
시작하면 마치 참새가 지저귀는 소리처럼 술 소리가 들렸기 때문이다.
정말이지 상상력이 진짜 풍부하다고 밖에 말할 수 없다.

문헌에 작(爵)으로 술을 마셨다고 분명히 기록되어 있으므로, 작(爵)을 술을 마시는 기물로 보는 것이 일반적이다. 그러나 대부분 민족들의 술을 마시는 기물은 대체로 원통형인데, 상나라에서는 왜 유독 이런 이상한 모양의 술 기물을 사용했을까? 또한 고대 유적지를 통해서 작(爵)과 같은 형태는 주로 상나라의 기물이지만, 서주 시기까지 이어졌다는 것을 알 수 있다. 그런데 한나라까지도 작(爵)으로 술을 마셨다고 문헌에 기록되어 있다. 왜 그럴까?

기물의 제작은 일반적으로 재료나 특정한 사용 목적에 영향을 받는다. 토기의 형상은 원형이 가장 편리하고, 특히 회전판을 발명해 더욱 빨리 원형의 기물을 만들 수 있다. 용산 문화의 시대에는 이미 회전판으로 토기를 만들었다. 그런데 상나라에서는 왜 술의 기물을 대량으로 사용했는데도 이렇게 시간이 많이 걸리는 방법으로 이상한 형상의 기물을 만들려고 한 것일까?

특히 청동으로 주조할 때, 작(爵)은 고(觚)나 준(尊) 등 규격이 일정한 원통형으로 된 술의 기물보다 더욱 만들기가 어렵다. 고(觚)나 준(尊)의 외형은 3조각만으로 만들 수 있다. 그러나 아가리의 가장자리 위에 기둥이 없는 작(爵)은 8~9조각이 필요하고, 기둥이 있는 것은 2조각이 더 필요하다. 주조 기술의 측면에서 보면, 작(爵)은 복잡한 기물의 한 형태이고 굉장히 높은 기교가 요구되므로, 용기 중에서 비교적 늦게 발전한 기물이어야 한다. 그러나 현재 지하에서 발굴된 상황을 보면, 거의 작(爵)이 입체적으로 용기를 주조할 능력이 있을 때 바로 만들어졌다고 말할 수 있다.

작(爵)의 일부 조형은 결코 실용적인 면에만 기초한 것이 아니다. 긴 꼬리를 가진 모습으로 만들어져, 아가리와 균형을 맞추어 쉽게 넘어지지 않도록 하였다. 그러나 아가리가 그렇게 넓고 길게 만들 필요가 없다. 술을 마실 때 반드시 아가리가 필요한 게 아니라서 상나라의 고(觚)와 치(觶) 등 술을 담는 기물에는 아가리가 없다. 아가리 가장자리 위의 두 개의 기둥은 실용적으로 필요한 게 아닌 것처럼 보인다. 주조를 할 때도 번거롭고 비용도 많이 들며, 술을 마실 때도 방해가 된다.

작(爵)의 배 아래에는 세 개의 높은 발이 있는데, 출토될 때 작(爵)의 배 아랫부분에 그을음 자국이 남아 있는 경우가 많았다. 그래서 작(爵)이 술을 데우는 기물임을 짐작할 수 있었다. 아가리 가장자리의 기둥은 곧은 모습이 아니며, 기둥 꼭대기에 뾰족한 덮개가 하나 더 있는데, 심지어는 조각을 해 넣은 경우도 있다(190쪽 그림).

앞서 소개한 연꽃잎 덮개 청동 술 항아리[蓮瓣蓋銅酒壺]를 통해, 기둥은 향모(香茅)를 끼어 술을 거르는 역할임을 알 수 있다. 소량으로 술을 거를 때, 향모를 아가리의 가장자리에 놓고 술을 부으면 향모에 술의 찌꺼기가 걸러지고 풀냄새가 스며든다. 기둥의 역할은 끼운 향모가 움직이지 않게 하는 것이다. 기둥이 없다면 술을 따를 때 향모가 움직일 수 있는데, 이렇게 되면 빈 공간이 생겨서 작(爵)에 찌꺼기가 떨어져서 술의 품질에 영향을 줄 수 있다.

상나라 사람들은 부장할 때 식기는 없어도 술을 담는 기물이 없어서는 안 되었다. 청동기가 있는 상나라의 고분이 출토될 때, 작(爵)과 고(觚)도 자주 함께 출토되었다. 대개 작(爵)으로 술을 데운 후에 고(觚)에 부어서 마신다. 작(爵)은 소량으로 술을 데우는 기물이지, 술을 마실 때 사용하는 기물이 아니다.

서주의 유적지에 작(爵)이라고 불리는 기물이 발견되었지만, 학자들은 그것을 찬(瓚)이라고 부르는데, 긴 손잡이가 있는 원통형의 청동기물을 말한다. 그래서 서주 중기 이후에 상나라 사람들은 더 이상 작(爵)이라고 부르는 기물을 주조하지 않았다. 그러나 작(爵)이라는 명칭은 형상이 다른 기물로 옮겨져서 선물용으로 사용되었다. 그래서 문헌에 작(爵)으로 술을 마셨다는 기록이 있는 것이다(아래 그림).

작(爵)의 용량은 한나라 때의 주석에는 1리터라고 되어 있지만, 현재의 5분의 1리터에 가깝다. 발굴 및 전해 내려오는 기물들을 살펴보면, 상나라의 작(爵)은 매우 작아서 용량에 한계가 있다. 작은 것은 100밀리리터를 채우지 못하고, 큰 것도 200밀리리터에 불과하다.

❙손잡이가 있는 청동 작(爵).
높이 7센티미터, 전체 길이 17.2센티미터, 서주 중·말기, 기원전 10세기~기원전 8세기.

상나라의 술은 알코올 도수가 매우 낮은데, 작(爵)으로는 술을 몇 모금밖에 마실 수 없다. 연회에서 손님과 주인을 즐겁게 하기에도 부족하고, 기분을 좋게 하기 위해 술을 마음껏 마시기에도 적당하지 않다. 그래서 예의를 차리기 위해 작(爵)에 따끈따끈하게 데운 소량의 술을 남의 잔에 부어 권했을 수도 있다. 그러다 보니, 술을 맘껏 마시려면 고(觚)나 다른 용기를 사용해야 했다.

작(爵)자는 상나라에 이미 사람에게 작위를 준다는 의미로 사용되었다. 대개 작(爵)으로 술을 권하려면 어느 정도 신분이 있어야 한다. 작위를 사람에게 줄 때, 작(爵)에 술을 부어 상으로 마시도록 하였다.

058

술잔 가

jiǎ

갑골문에서 가(斝)자❶는 용기의 일종인데, 아가리 가장자리에 2개의 기둥이 있고, 기물의 바닥에는 두 개나 세 개의 발이 있다(斝).

혹은 옆에 손 하나가 막대기와 같은 물건을 잡고 있는 모습(斝)이다. 상나라 유적지에서 발굴된 문물과 대조해 볼 때, 학자들이 가(斝)라고 이름 붙인 기물의 형상으로 볼 수 있다.

금문의 형상은 斝인데, 가(斝)가 상나라 때의 기물이기 때문에 주나라 이후로는 사용하지 않았다.

『설문해자』에서는 가(斝)에 대해 이렇게 풀이했다.

"가(斝)는 옥으로 만든 작(爵)을 말한다. 하나라에서는 잔(醆), 은나라에서는 가(斝), 주나라에서는 작(爵)이라고 불렀다. 두(斗)와 가(門)로 구성되었다. 상형이다. 작(爵)과 같은 뜻이다. 혹자는 가(斝)에 6리터의 술을 받을 수 있다고 말했다."(斝, 玉爵也. 夏曰醆, 殷曰斝, 周曰爵. 从斗門. 象形. 與爵同意. 或說斝受六升.)

❶

한나라 때에 이미 이런 기물들이 없었기 때문에, 허신은 가(斝)의 유래를 잘 알지 못했다.

가(斝)는 기둥은 있지만 주둥이는 없다. 일반적으로 용량이 작(爵)보다 훨씬 커서, 어떤 용량은 7~8리터에 이르기도 한다. 국자로 쉽게 술을 뜰 수 있는 점으로 보아, 가(斝)는 다량으로 술을 걸러내고 데우는 기구임을 알 수 있다. 크기가 상당히 크기 때문에 국자로 술을 떠, 다시 다른 용기에 부을 필요가 있었다. 직접적으로 다른 용기에 붓는 게 아니라서 주둥이는 필요 없었다. 갑골문에는 또 한 손에 막대기를 들고 있는 모습(🖐)의 자형이 있다. 막대기는 술의 온도와 성분을 고르게 하기 위해, 술을 섞을 때 사용되었을 것이다.

❙기둥을 봉황으로 장식한 청동 가(斝). 전체 높이 41센티미터, 구경 19.5센티미터, 상나라 후기, 기원전 14~기원전 11세기, 섬서박물관 소장.

059

마을 조

曹 조

cáo

청동으로 만든 작(爵)과 가(斝)로 술을 거르는 것은 소량으로 술을 취하면서 어떤 예의를 갖추기 위한 것이다. 그렇지만 보통 때 사용하는 것이나 다량으로 술을 거르는 상업용 기구도 있다.

갑골문에서 조(曹)자는 용기 위에 두 개의 주머니가 있는 모습(🜨, 🜨)이다. 나무로 만든 통에서 다량으로 술을 거르는 모습을 표현한 것으로 추측된다. 두 개의 주머니는 술을 걸러내기 위해 섬유나 밧줄로 짰다. 나무 통으로 술을 걸러내는 일은 술도가에서 술을 걸러내 고급술을 만드는 작업이다.

조(曹), 조(槽), 조(糟)라는 3개의 글자는 술을 거르는 작업과 관계가 있다. 조(曹)는 작업을 관리하는 관청이고, 조(槽)는 술을 거르는 긴 용기이며, 조(糟)는 걸러낸 술지게미이다.

『설문해자』에서는 조(糟)에 대해 이렇게 풀이했다.

> "조(糟)는 술지게미를 말한다. 미(米)가 의미부이고, 조(曹)가 소리부이다. 조(🜨)는 조(曹)의 주문체로, 유(酉)로 구성되었다."(🜨, 酒滓也. 从米曹聲. 🜨 籀文从酉.)

조(糟)의 주문체는 조(棘)의 아래에 유(酉)가 있는 구조이다. 유(酉)는 술을 담는 항아리로써, 조(曹)자가 술을 거르는 작업을 표현했다는 것을 증명하고 있다.

금문❶의 자형에서는 두 개의 주머니가 하나로 줄어들었다. 또『설문해자』에서는 조(曹)에 대해 이렇게 풀이했다.

"조(曹)는 소송 중인 원고와 피고를 말한다. 조(棘)로 구성된 것은 모두 법정의 동쪽에 위치하기 때문이다. 왈(曰)로 구성된 것은 소송을 관리하는 사람이기 때문이다."(曹, 獄之兩曹也. 从棘, 在廷東也. 从曰, 治事者也.)

허신은 글자의 창제의미를 전혀 파악하지 못한 것으로 보인다.

❶
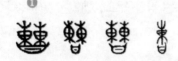

060

울창주 창

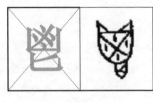

chàng

고급술은 술지게미를 거르고 나서 거기에다 특별한 향료의 향을 더한다. 창(鬯)은 특별한 향이 나는 술로, 신령에게 제사를 드릴 때 제공되던 중요한 제수였다.

갑골문에서 창(鬯)자❶는 신을 공경할 때 사용하는 귀중품이어서 출현 횟수가 매우 많은데, 특정 종류의 꽃송이를 그린 것으로 보인다. 후세에는 술(창주)을 양조할 때, 고추, 잣, 계피, 난초, 국화 등과 같은 식물의 꽃잎이나 잎을 사용하였다. 창(鬯)자는 상나라 때 흔히 볼 수 있는 향료가 되는 식물의 꽃송이이다.

상나라 사람들은 향료를 사용해서 술의 맛을 더할 줄 알았기에, 음식을 조리할 때도, 젓갈, 식초, 된장 등을 만들 때에도 응용했을 것이다.

❶

금문❷의 자형에서는 때로 작은 점을 생략하기도 하였다. 『설문해자』에서는 창(鬯)에 대해 이렇게 풀이했다.

　　　"창(鬯)은 흑기장술과 울금향초를 함께 양조하여, 향기로운 냄새를 풍기게 하였다. 그렇게 함으로써 신을 내리게 하였다. 감(凵)으로 구성되었는데, 감(凵)은 그릇을 말한다. 가운데에는 쌀의 형상과 닮았다. 숟가락(匕)은 그것을 모으는 역할을 한다. 『역(易)』에는 '숟가락에 있는 울창주를 떨어뜨리지 않는다.'라는 구절이 있다. 창(鬯)으로 구성된 글자들은 모두 창(鬯)이 의미부이다."(鬯, 以⿱臼⿳酉 醸鬱草, 芬芳攸服以降神也. 从凵, 凵, 器也. 中象米. 匕, 所以扱之. 易曰: 不喪匕鬯. 凡鬯之屬皆从鬯.)

　　일부 자형이 비(匕)로 잘 못 변했기 때문에, 숟가락으로 용기에 든 쌀알을 떠먹는 것으로 설명한 것이다. 그러나 이러한 설명은 창(鬯)의 향기로운 술이라는 의미와 모순된다.

　　상나라 사람들이 집단으로 술에 탐닉한 이야기를 언급한 서주시대의 문헌이 여러 편 있다. 주나라 초기의 청동기 기물인 「대우정(大盂鼎)」의 명문에는 "상나라 변경의 귀족과 상나라의 백관들이 계속해서 술에 탐닉하였기 때문에 군대가 패하였다.(惟殷邊侯田雩殷正百辟, 率肄于酉(酒), 古(故)喪師.)"라고 써져 있다. 상나라가 주나라에 패해 나라가 망한 것은 폭음을 하는 풍조가 보편적이었기 때문이다.

❷

061 부를 소

zhào

주나라의 통치자는 신하가 술을 절제하도록 여러 차례 경계하였다. 그러나 술은 늘 제사와 손님을 대접할 때 매우 중요한 음식이었다.

『예기·제통(祭統)』에서는 "제사에는 세 가지 중요한 것이 있다. 제물을 바치는 데는 술보다 중요한 것이 없고, 노래를 부르며 찬양하는 데에는 승가보다 중요한 것이 없으며, 춤은 「무숙야」보다 중요한 것이 없으니, 이것이 바로 주나라의 도이다.(夫祭有三重焉, 獻之屬莫重於裸, 聲莫重於升歌, 舞莫重於武宿夜, 此周道也.)"라고 했다. 술을 많이 마시면 정신이 이상해지고, 예의에 벗어난 행동을 할 수 있으므로 집단이 음주를 하는 것은 금지되어야 하지만, 적당한 음주는 식욕을 증진시키고, 정신이 상쾌해지는데 도움이 되며, 또한 예의상 없어서도 안 되는 것이다.

갑골문에서 소(召)자는 복잡한 자형❶과 간략한 자형❷이 존재한다. 가장 복잡한 자형은 술을 데우는 기물(🝔) 위에 두 손으로 술잔(▼)과 국자(勺)를 들고 있는 모습이다. 술을 데우는 기물 위에는 가끔 술 항아리[酒尊]를 올려놓은 모습(▼)도 있다.

종합해보면, 이 글자는 큰 술 항아리에서 술을 꺼내 술잔에 부어 손님을 대접한다는 뜻을 나타낸다. 이후에는 많은 복잡한 부분을 생략하고 술잔 하나와 국자 하나만을 남겨 두었다.

금문의 자형에서도 복잡한 자형❸과 간략한 자형❹이 존재한다. 가장 복잡한 자형은 술뿐만 아니라 고기 덩어리가 더해진 형상이다.

『설문해자』에서는 소(召)에 대해 이렇게 풀이했다.

　"소(召)는 '부르다'는 뜻이다. 구(口)가 의미부이고, 도(刀)가 소리부이다."(召, 評也. 从口, 刀聲)

간략한 자형만 남겨놓았기 때문에, 술로 손님을 접대한다는 창제의 미를 전혀 상상할 방법이 없게 되어, 형성자로 분석한 것이다.

소(召)자는 간접적으로 술을 데우는 방식을 표현하였다. 통에 뜨거운 물을 넣고 나서, 술 항아리를 통에 넣어 간접적으로 술을 데우는 방식이다. 이렇게 술을 데우는 시간이 길다는 것은 연회 시간이 오래 걸리고 천천히 술을 마시며 여유 있게 이야기를 나눈다는 것을 의미한다.

이런 식으로 술을 데우는 청동기를 감(鑑)이라고 부른다. 그러나 상나라의 청동기에는 감(鑑)이 없었기 때문에, 나무판으로 엮은 나무통을 사용한 것으로 보인다. 갑골문에서 술을 데우는 기구(♨)와 금문에서 술을 데우는 기구(♨)는 나무통의 형상에 비교적 가깝다.

그러므로 예의를 차리기 위해 소량의 술이 필요하다면 작(爵)과 가(斝)로 직접 불에 데웠고, 연회에서 오랫동안 많은 술을 마셔야 한다면 나무통을 사용하여 술을 데웠다. 동주시대가 되어서야 청동의 감(鑑)을 주조하기 시작했다.

062 아내 배

pèi

막 양조하여 찌꺼기가 있는 술, 찌꺼기를 걸러낸 술, 특별한 향이 나는 술 등 술의 종류도 다양하고, 술에 따라 알코올 농도도 다르다.

증류하지 않은 술의 알코올 농도는 높지 않지만, 어떤 사람들은 강하다고 느낄 수도 있어 희석시킬 필요가 있었다. 그래서 술의 농도를 낮추기 위해 주둥이가 있는 화(盉)를 만들었다.

갑골문에서 배(配)자❶는 무릎을 꿇고 앉아 있는 사람이 술독 옆에 있는 모습이다. 금문❷에 이르러, 무릎을 꿇고 앉은 사람의 모양이 점점 기(己)자와 같이 잘 못 변했다.

그래서 『설문해자』에서는 배(配)에 대해 이렇게 풀이했다.

"배(配)는 술의 농도를 말한다. 유(酉)가 의미부이고, 기(己)가 소리부이다."(配, 酒色也. 从酉, 己聲.)

허신은 기(己)가 소리부인 형성자로 분석하였다.

❶   ❷

배(配)와 기(己)에 해당되는 운이 상당히 차이가 났기 때문에, 학자들도 일찍부터 배(配)자가 형성자가 아니라고 했지만, 더 괜찮은 답도 없다. 그러나 『설문해자』에서 말한 "술의 농도를 말한다.(酒色也)"라는 해석은 우리가 배(配)자의 창제의미를 이해하는데 도움을 준다.

사람마다 좋아하는 술이나 알코올을 흡수하는 능력이 다르다. 그래서 연회에는 동일한 술독의 술을 마시는 것이 아니라 자신의 술독(또는 술잔)을 갖고 와서 술을 자신에게 맞는 농도로 조정했는데, 이것이 배(配)의 유래이다. 원래, 고대 사람들의 연회에는 저마다의 술독이 있어서 스스로 배합한 술로 서로 잔을 들어 응대하였다.

초 혜

xī

술이 발효과정을 거쳐 만들어지므로, 사람들은 다른 음식들도 발효하는 방식으로 처리해서 미각을 넓혔을 것이다.

『설문해자』에서는 혜(醯)에 대해 이렇게 풀이했다.

"혜(醯)는 식초를 말한다. 식초를 만들 때 죽[鬻]과 술[酒]이 필요하다. 육(鬻)과 주(酒)를 같이 생략된 모습으로 구성되었고, 또 명(皿)으로 구성되었다. 명(皿)은 그릇을 말한다."(醯, 酸也. 作醯以鬻以酒. 从鬻·酒並省·从皿. 皿, 器也.)

소전의 자형을 분석해보면, 혜(醯)자는 세 가지 구성성분으로 이루어졌다. 왼쪽 윗부분은 유(酉)자로, 유(酉)는 항아리에 가득 담긴 식초를 나타낸다.

유(酉)의 크기는 다양한데, 흔히 볼 수 있는 것이 술이 담긴 것이기 때문에 설명이 더 필요하다. 혜(醯)자의 오른쪽 윗부분은 류(㐬)자로, 류(流)자의 편방이다. 금문의 류(流)는 𣶏인데, 『설문해자』에서는 류(流)에 대해 이렇게 풀이했다.

"류(流)는 물이 흘러가는 것을 말한다. 추(㐬)와 류(㐬)로 구성되었다. 류(㐬)는 갑자기라는 뜻이다. 류(㶱)는 류(流)의 전문체로, 수(水)로 구성되었다."(㶱, 水行也. 从㠯㐬. 㐬, 突忽也. 㶱, 篆文从水.)

허신은 류(㐬)를 '갑자기'라는 의미를 나타낸다고 하였다. 실제로 류(流)자는 사람이 물에 빠져 죽어, 단정히 빗은 긴 머리카락이 흐트러진 모습을 표현한 것이다. 고대 사람들은 그 당시에 흔히 볼 수 있는 이러한 장면을 선택하여 물의 의미를 나타내었다.

『설문해자』에서는 돌(㐬)에 대해 이렇게 풀이했다.

"돌(㐬)은 순조롭지 않게 갑자기 나오는 것을 말한다. 거꾸로 된 아이의 모습이다. 『역(易)』에서는 '예상치 못하게 갑작스럽게 발생하였다.'라고 했다. 불효자가 갑자기 나온 것은 안에서 받아들일 수 없기 때문이다. 돌(㐬)로 구성된 글자들은 모두 돌(㐬)이 의미부이다. 류(㐬)는 류(㐬)의 혹체인데, 고문체에서의 자(子)의 거꾸로 된 모습으로 구성되었다. 즉 『역(易)』의 돌(突)자이다."(㐬, 不順忽出也. 从到子. 『易』曰: '突如其來如.' 不孝子突出, 不容於內也. 凡去之屬皆从去. 㐬, 或从到古文子, 即『易』突字.)

돌(㐬)은 한 아이가 거꾸로 서 있는 모습이다. 이는 건강하지 못한 불편한 자세로, 피가 머리 쪽으로 흘러가 머리가 아플 수 있기 때문에 순조롭지 않다는 뜻이 있다. 류(㐬)는 성인이 머리를 숙여 긴 머리칼이 흐트러져 있는 모습이다. 따라서 혜(醯)자에 들어 있는 류(㐬)는 머리를 감으려고 고개를 숙이고 머리카락을 늘어뜨린 자세라는 것을 알 수 있다. 혜(醯)자의 아랫부분에 있는 명(皿)은 그릇의 형상이다.

세 가지 구성성분을 종합해보면, 그릇 위에서 식초로 머리를 감고 있는 모습이다. 식초는 술과 마찬가지로 곡물이나 과일을 발효시켜 만든 액체이다. 고대 사람들은 식초로 머리를 감았으며, 당연히 음식에 식초를 뿌려 맛을 좋게 하는 효과도 무시하지 않았다. 혹자는 혜(醯)의 필획이 너무 많아 초(醋)자로 대신하였을 것으로 추정한다.

초(醋)는 원래 손님이 주인에게 술을 권한다는 뜻이었다. 주인이 손님에게 술을 권할 때는 수(酬)자(혹은 醻로 쓰기도 했다)를 사용했다. 그런데 초(醋)가 식초를 뜻하게 되자, 수(酬)자가 주인이 손님에게, 손님이 주인에게 술을 권하는 의미를 다 겸하게 되었다.

064 술통 유

yǒu

갑골문에서 유(卣)자❶는 가장 복잡한 자형에 근거하면, 술을 데우는 용기 속에 또 다른 용기가 있는 형상을 표현하였는데, 술을 데우는 용기에 물이 있는 모습이다. 이후에 술을 데우는 용기는 간단히 구부러진 획이 되었고, 술을 담는 둥근 바닥의 용기의 형태만 남았다. 이런 용기는 바닥이 둥글기 때문에 설 수가 없다. 용기의 윗부분에 있는 손잡이는 술을 데우는 용기의 가장자리에 걸렸을 가능성이 높다. 소량의 술을 이 용기에 붓고, 뜨거운 물이나 얼음덩어리가 담긴 큰 용기에 넣어 손님에게 대접하였다.

이렇게 술을 데우거나 차갑게 하는 용기를 감(鑑)이라고 부르는데, 상나라 때는 청동으로 만든 것은 보이지 않으므로 토기로 만들었거나 나무통을 사용했을 것이다.

❶

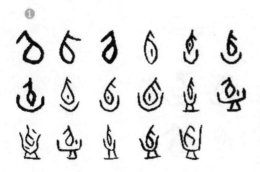

갑골문에서 유(卣)자는 용기의 명칭이 아니라, 3유(卣), 5유(卣)와 같이 술을 데우는 용기의 양을 나타내는 양사였다. 용기의 형상도 학자들이 명명한 손잡이가 있는 술병[酒壺]의 모양이 결코 아니다. 금문❷에서는 간략히 줄인 자형밖에 없다.

『설문해자』에서는 유(卣)에 대해 이렇게 풀이했다.

"유(卣)는 초목의 열매가 익어 늘어진 모습이다. 상형이다. 초(卤)로 구성된 글자들은 모두 초(卤)가 의미부이다. 조(調)와 같이 읽는다. 유(卥)는 유(卣)의 주문체로, 세 개의 초(卤)로 구성되었다."(卣, 艸木實垂卤卤然. 象形. 凡卤之屬皆从卤. 讀若調. 卥, 籒文从三卤作.)

허신은 유(卣)가 열매가 익어 아래로 처진 모습이라고 오해하였다.

❷

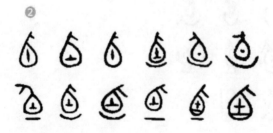

065 병 호

hú

주(酒)자는 운반할 수 있는 큰 용기의 모습이다. 일상에서 필요한 것은 호리병[壺]과 같이 비교적 소량의 용기이다.

갑골문에서 호(壺)자❶는 뚜껑이 있고 곧추선 몸통에 둥근 바닥을 가진 용기로, 상형자임을 알 수 있다. 어떤 것은 몸통의 양 옆에 고리모양의 손잡이가 있다. 발굴된 유물과 대조해 볼 때, 호(壺)라는 술그릇이 틀림없다.

술독[酒甕]은 대량의 술을 보관하는 용기라서 쉽게 움직일 수가 없다. 연회에서 술을 마시려고 하면 작은 병[壺] 속에 술을 나눠 담아서 연회장소로 옮겨야 한다. 청동으로 만든 호(壺)는 보통 몇 리터의 용량과 몇 십 킬로그램의 무게라서 들고 다닐 수 있는 귀가 필요하다.

호(壺)자는 토기로 만든 술병으로, 무겁지 않아 손에 들고 옮길 수 있다. 술병[酒壺]의 형상은 다양한데, 자형도 그 다양한 모습을 반영하여 아랫배가 불룩한 것(⌂)도 있고 곧은 통모양의 것(⌂)도 있다. 호(壺)는 상당한 양의 술을 담는데 사용되었기에, 더욱 작은 용기에 나눠서 담아야만 연회에서 마시기가 편했다.

❶

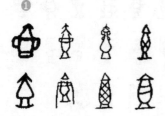

금문❷의 자형은 용기의 몸통 양 옆에 있는 귀를 한 바퀴 연결한 형태이다. 이는 상나라에서는 보기 드물지만 주나라에서는 주된 자형으로, 쓰기와 관계가 있다. 또 여기에 손으로 숟가락을 들고 푸는 모습(𣂪), 두 손으로 받쳐 들고 있는 모습(𢍰), 금속으로 만든 모습(鍾) 등 복잡한 자형이 더해졌다. 『설문해자』에서는 호(壺)에 대해 이렇게 풀이했다.

> "호(壺)는 곤오(昆吾)가 만든 둥근 기물이다. 상형이다. 대(大)로 구성되었는데, 뚜껑의 모습이다. 호(壺)로 구성된 글자들은 모두 호(壺)가 의미부이다."(壺, 昆吾圓器也. 象形. 从大, 象其蓋也. 凡壺之屬皆从壺.)

곤오는 전설상의 토기 발명자이지만, 여기에서는 도토로 만든 둥근 용기라는 뜻이다. 이후에 귀한 청동으로 만들고 나서야, 제사 때 사용하는 기물이 되었으며 연회에서도 사용되었다. 청동 호[銅壺]는 어느 정도 무게가 나가므로, 두 개의 귀를 달고 밧줄로 연결하여 들고 다니기 편하게 하였다. 발굴된 호(壺)에서 밧줄은 이미 썩어버려 구멍 뚫린 귀만 보인다. 어떤 것은 들고 다니는 부분도 청동으로 만들어 손잡이가 되었다(다음 쪽 그림). 학자들은 손잡이가 없는 것을 호(壺)라 부르고, 손잡이가 있는 것을 유(卣)라고 불렀다. 그러나 실제로 상나라와 주나라에는 이런 구별 없이 모두 호(壺)라고 불렀다. 유(卣)는 '3개의 술 항아리(酒三卣)'와 같이 술그릇을 세는 양사였다.

❷

▌제사 때 술을 담을
수 있는 청동 호(壺).
높이 39센티미터,
상나라, 기원전
13세기~기원전 11세기.

▌구불구불한 무늬와
파도 무늬가 있는 짐승
머리의 둥근 귀를 가진
청동 호(壺).
높이 66센티미터, 지름
19.7센티미터, 무게
25.5킬로그램. 서주
중·말기, 기원전 9세기 경

▌올빼미 형상의 청동 유(卣).
전체 높이 30.3센티미터, 배 11.6*10.8센티미터, 상나라
말기, 기원전 14세기~기원전 11세기.

066

높을 존

尊

zūn

큰 술병[壺]에서 작은 술통으로 나누어 옮겨 담는데, 이 작은 용기가 준(尊=樽)이다(211~212쪽 그림).

갑골문에서 준(尊)자❶는 두 손으로 술 항아리[酒尊]를 받들고 있는 모습이다. 술 항아리는 큰 아가리를 가진 준(尊)과 작은 아가리를 가진 준(尊)이 있다. 큰 아가리의 준(尊)에서는 국자로 술을 떴고, 작은 아가리의 준(尊)에서는 직접 술을 술잔에 따랐다. 그러나 근대에 모두 큰 아가리의 술 항아리가 출토된 것은 술을 바로 마셔 술이 증발할까 걱정할 필요가 없었기 때문이다.

그 옆에 사다리를 그려놓은 형상(䢅)을 보면, 고대 사람들은 신령들이 사다리를 타고 제사 장소로 내려올 수 있다고 여겼다. 분명한 것은 제사의 장면이라는 점이다. 준(尊)은 송나라 사람이 명명한 것으로 현재에까지 사용되고 있다. 상나라에서 준(尊)은 술그릇의 이름으로만 사용된 것이 아니라, 제사에 사용되는 제기의 통칭인 것으로 보인다.

❶

금문❷❸의 자형은 여러 가지 용기들을 모두 볼 수 있는 명칭이라서 굉장히 흔히 나타난다. 계단 앞에서 제사를 지내던 관습도 사라져서, 소전에 이르면 계단이 있는 자형이 사라진다.

『설문해자』에서는 준(尊)에 대해 이렇게 풀이했다.

> "준(尊)은 술그릇이다. 두 손으로 항아리를 받들고 있는 모습이다. 주례에서는 희준(犧尊), 상준(象尊), 저준(箸尊), 호준(壺尊), 대준(大尊), 산준(山尊)을 육준(六尊)이라 하여, 제사에서 손님을 맞이하는 예를 말한다고 하였다. 준(𤭯)은 준(尊)의 혹체로, 촌(寸)으로 구성되었다."(𤭯, 酒器也. 从酉, 廾以奉之. 周禮: 六尊, 犧尊·象尊·箸尊·壺尊·大尊·山尊, 以待祭祀賓客之禮. 𤭯, 尊或从寸.)

술 항아리[酒尊]는 20~30킬로그램의 무게가 많아서 한 손으로 들 수가 없는데, 현재 통용되는 준(尊)의 자형에 왜 한 손이 생략되었는지 모르겠다. 동물의 형상으로 만든 술 항아리를 희준(犧尊)이라고 통칭하는데, 각각의 형상에 따라 상준(象尊: 코끼리 술 항아리), 서준(犀尊: 코뿔소 술 항아리), 록준(鹿尊: 사슴 술 항아리), 조준(鳥尊: 새 술 항아리), 수준(獸尊: 짐승 술 항아리) 등으로 부른다.

▌청동 준(尊).
높이 30.5센티미터,
지름 28센티미터,
상나라 초기, 기원전
16세기~기원전 15세기.

▎청동 하준(何尊).
높이 38.8센티미터,
지름 28.8센티미터,
무게 14.78킬로그램.
주나라 초기, 기원전
11세기~기원전 10세기.
섬서역사박물관 소장.

▎네 마리 양이 달린
네모난 준(尊).
높이 58.3센티미터,
지름 52.4x52.4센티미터,
무게 34.6킬로그램.
상나라 말기, 기원전
13~기원전 11세기.
중국역사박물관 소장.

제6부

고대사람들은 하루에 몇끼를 먹었을까?

농업이 형성되기 전에 사람들은 채집과 수렵을 생업으로 삼았다. 야생 짐승이 번식하고 식물이 생장하는 데는 지역과 계절의 영향을 받기 때문에 일 년 내내 사람들의 요구를 만족시킬 수 없었다. 특히 수렵에 있어서는 반드시 사냥감을 잡는다는 보장이 없었다. 그 시대의 사람들은 사냥감을 잡아 크게 한 끼 먹거나, 운이 나쁠 때는 끼니를 거르는 일도 흔했다. 하루에 몇 끼를 먹을 수 있는지 스스로 결정할 수 없던 때라서 정해진 시간에 먹는다는 건 상상도 할 수 없는 일이었다. 스스로 하루에 몇 끼를 먹을지, 언제 먹을지 결정할 수 있다면, 상당히 발전한 사회라는 것을 의미한다. 사람들이 음식의 공급을 통제할 수 있다면 먹을 것을 찾아 헤매지 않아도 된다. 제때 식사를 할 수 있다는 것은, 사회적 규제가 상당히 강화되었고 사람들의 생활에 일정한 규칙이 있다는 것을 의미한다.

상나라에서 한나라에 이르기까지 태양의 위치에 따라 낮의 특정 시간대를 나타낼 줄 알았다.

상나라 사람들은 하루를 몇 개의 기본적인 시간대로 나누었다. 낮은 단(旦), 대채(大采), 대식(大食), 중일(中日, 혹은 일중(日中)), 측(昃), 소식(小食), 모(暮, 혹은 소채(小采), 혼(昏))으로 나누었고, 밤은 석(夕)과 숙(夙)으로 나누었다. 낮 시간대는 대략 두 시간씩 벌어진다. 낮에 식사 시간이 있고 밤에 없는 걸로 보아, 평소에 두 끼만 먹은 것으로 추정된다. 아침의 대식(大食)은 7시에서 9시쯤이고, 오후의 소식(小食)은 3시에서 5시쯤이다. 명칭만 봐도, 아침에는 식사량이 많고 풍부했으며, 오후에는 식사량이 적고 간단했다는 것을 알 수 있다.

상나라의 식사 관습은 농업 사회의 생활 방식을 반영하고 있다. 농부는 매일 새벽부터 들풀 제거, 물 뿌리기 등 농사일을 해야 할 만큼 체력 소모가 크다. 그래서 식사를 잘 챙겨 먹어 힘을 보충해야 했으므로 식사량이 많았다. 오후의 식사는 많이 먹을 필요가 없다. 왜냐하면 해가 곧 서쪽으로 저서 다시 밭으로 가서 일할 수 없기 때문에, 일찍 자고 일찍 일어나서 다음날 아침 일찍 일할 수 있도록 하는 것이 낫다.

춘추시대 말기에 철로 된 쟁기로 밭을 경작하기 시작했다. 특히 전국시대에는 철기를 대량으로 사용하기 시작하여 생산력이 대폭 향상되면서 사회 전반의 모습이 크게 변화하였다. 사람들의 생활이 풍부해지자 수많은 사람들이 비생산적인 일에 종사하게 되었고, 부유한 사람들은 밤에 오락 활동도 자주 하였다. 그러니 옆에서 시중드는 사람들도 늦게까지 따라다닐 수밖에 없었다. 이럴 때 한 끼를 더 먹어서 소모되는 체력을 보강할 필요가 있었다. 전국시대에 전용 등잔과 같은 도구가 대량으로 출현한 것은 사람들이 세 번째 끼니를 항상 먹을 정도로 생활의 형태가 바뀌었다는 것을 반영한다.

전국시대에 진(秦)나라 사람들은 16시제를 채택하여, 혼(昏)과 야모(夜暮)사이에 모식(暮食)이 있었다. 서한 초기에는 아침 식사를 이미 조식(早食)이라고 바꿔 불렀고, 오후 식사를 포시(晡時)나 하포(下晡)라고 불렀으며, 저녁 10시 경을 모식(暮食)이나 야식(夜食)이라고 불렀다. 이미 세 끼를 먹었다는 게 분명하고, 새로운 명칭도 아침 식사가 가장 풍성하지 않을 수 있다는 것을 암시하고 있다. 하루의 시간대를 부르는 명칭의 변화와 등잔과 같은 도구의 출현으로 미루어 보면, 하루에 세 끼를 먹는 습관이 전국시대에 이루어졌다는 것을 알 수 있다. 그러나 보통 밤에 활동하지 않는 농가는 더욱 늦은 시기에 이르기까지 하루에 두 끼를 먹었다.

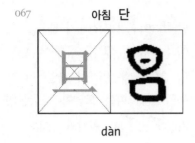

067 아침 단

dàn

갑골문에서 단(旦)자❶는 해가 어떤 물건 위에 있다는 것을 표현하였다. 금문❷의 자형과 비교해 봤을 때, 새벽에 해수면에서 해가 떠오르는 모습(🔴)이거나 해수면에서 해가 떠오를 때 반사된 장면(🔴)을 보여준다.

이것은 바닷가나 바다에 인접한 높은 산에서 볼 수 있는 장면이다. 이후 해의 아랫부분이 가로획으로 단순화되었다.

『설문해자』에서는 단(旦)에 대해 이렇게 풀이했다.

"단(旦)은 밝다는 뜻이다. 해가 일[一]의 위에 있는 모습이다. 일(一)은 땅을 말한다. 단(旦)으로 구성된 글자들은 모두 단(旦)이 의미부이다."(旦, 明也. 从日見一上. 一, 地也. 凡旦之屬皆从旦.)

허신은 해가 지면에서 떠오른다고 해석하였지만, 이는 단(旦)의 시간대가 아니다.

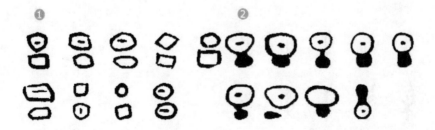

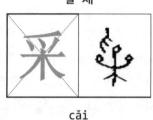

068 **캘 채**

cǎi

단(旦) 이후의 시간대가 대채(大采)이다. 갑골문에서 채(采)자❶는 한 손이 나무 위에서 과일이나 나무의 잎을 따는 모습이다. 금문의 자형(釆, 釆)은 원래의 형태를 그대로 유지하고 있다.

『설문해자』에서는 채(采)에 대해 이렇게 풀이했다.

"채(采)는 채집을 하는 것을 말한다. 목(木)으로 구성되었고, 또 조(爪)로 구성되었다."(釆, 捋取也. 从木从爪)

태양의 광채(光彩)를 묘사하기 쉽지 않았기 때문에, 채(采)를 빌려와 표현했다. 이후에 구별하기 위해, '채취하다'는 본래의 의미에 의미부 수(手)를 더하여, 채(採)자가 되었다. 더 이후에는 '광채'라는 가차의미를 위해 빛남을 표현하는 의미부인 삼(彡)을 더해 채(彩)자가 되었다. 대채(大采)는 태양이 크게 빛날 때를 말한다. 즉, 태양이 하늘에 이미 떠 있어 시선으로 분명히 알 수 있을 때이다.

❶

069

기울 측

昃

zè

정오가 지난 일중(日中)이나 중일 (中日)의 시간대를 측(昃)이라고 부른다.

갑골문에서 측(昃)자 **❶**는 한 개의 태양과 비뚤어진 대(大)자를 그려, 태양이 서쪽으로 넘어가 사람의 그림자를 길게 비추는 모습을 나타내었다. 그래서 태양이 서쪽으로 질 때의 시간대를 말한다.

금문(🧍)은 자형의 외관을 바르게 하기 위해 사람의 머리 부분을 약간 비스듬하게 그렸다.

『설문해자』에서는 측(昃)에 대해 이렇게 풀이했다.

"측(昃)은 해가 서쪽으로 기운 때를 말한다. 일(日)이 의미부이고, 측 (仄)이 소리부이다. 『역(易)』에서는 '해가 저무는 때'라고 하였다." (仄, 日在西方時側也. 从日, 仄聲. 易曰: 日昃之離)

허신은 일(日)이 의미부이고 측(仄)이 소리부라고 잘 못 이해하였다.

❶

또 『설문해자』에서는 측(仄)에 대해 이렇게 풀이했다.

"측(仄)은 기울다는 뜻이다. 사람이 집의 아래에 있는 모습이다. 측
(厌)은 측(仄)의 주문체로, 측(夨)으로 구성되었다. 측(夨)은 또 소리부
이기도 하다."(仄, 側傾也. 从人在厂下. 厌, 籀文从夨, 夨亦聲.)

허신은 측(仄)자가 기울다는 뜻인 걸 분명히 알고 있었으면서, 측(昃)
자가 비스듬히 기운 사람의 그림자를 나타냈다는 걸 알아채지 못했다.

070

없을 막/저물 모

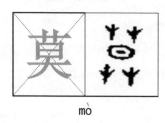

mò

측(昃) 이후의 시간대가 바로 소식(小食)으로, 오후 식사를 간단히 먹는 때이다.

식사를 하고 나서 용구를 정리하다 보면, 이때 태양이 완전히 서쪽으로 기울어 빛이 크게 감소하여 하늘에 희미한 빛만 남아 있을 뿐이다. 이 시간대를 소채(小采)라고 했고, 또 모(莫)라고도 했다.

갑골문에서 모(莫)자❶는 태양이 이미 네 개의 나무나 풀로 된 숲 속으로 들어간 모습이다. 간단한 자형은 아래에 있는 두 개의 풀이 없고, 복잡한 자형은 새가 둥지로 돌아오는 모습까지도 그렸다. 낮에는 새가 각자 먹이를 찾아서 날아가고, 해질녘이 되어서야 약속이나 한 듯이 둥지로 돌아가 쉬는 모습은 쉽게 관찰할 수 있는 현상이다. 그러므로 이로써 해가 떨어지는 시간대를 표현한 것은 적절하다 하겠다.

❶

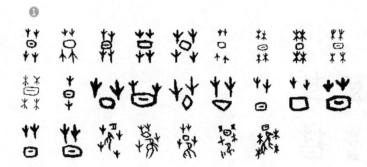

금문❷에서는 이미 복잡한 자형은 보이지 않는다.『설문해자』에서는 모
(莫)에 대해 이렇게 풀이했다.

"모(莫)는 태양이 져서 어둡다는 뜻이다. 태양이 숲속에 있는 모습
인데, 망(茻)은 또 소리부이다."(𦱤, 日且冥也. 从日在茻中, 茻亦聲.)

허신은 망(茻)을 소리부로 보았으나, 이는 잘 못 된 것이다. 모(莫)는
이후에 부정사로 차용되었기에, 이를 구별하기 위해 일(日)을 더하여 모
(暮)자를 만들었다.

071
어두울 혼

hūn

모(暮)의 시간대를 혼(昏)이라고도 부른다. 갑골문에서 혼(昏)자❶는 태양이 사람들의 발아래로 떨어진 모습이며, 황혼의 시간대를 지칭하는 또 다른 표현이다.

이 시간대가 되면 사람들은 쉴 준비를 하며 더 이상 다른 일을 하지 않는다. 그래서 금문의 명문(銘文)에서는 이 시간대에 한 일도 기록되어 있지 않고, 이 글자도 보이지 않는다. 갑골문의 혼(昏)자에서 사람을 나타내는 부분은 이미 사람의 형상처럼 보이지 않고, 작은 점 하나를 더 추가하였다.

『설문해자』에서는 혼(昏)에 대해 이렇게 풀이했다.

"혼(昏)은 해가 져서 어두운 때를 말한다. 일(日)과 저(氏)의 생략된 모습으로 구성되었다. 저(氏)는 아래를 뜻한다. 일설에는 민(民)이 소리부라고 하기도 한다."(昏, 日冥也. 从日·氏省. 氏者, 下也. 一曰民聲.)

허신은 혼(昏)자에서 사람의 모습을 보지 못해 저(氏)자가 생략된 모습이라고 해석하였다.

❶

시간대별 이름에서 상나라 사람들은 주로 태양의 위치에 따라 시간을 정했다는 것을 알 수 있다. 각각의 시간대는 두 시간에 해당되는 것으로 보이며, 일중(日中)을 하루의 중간으로 삼았다. 그러나 태양이 하늘에 떠 있는 시간과 일조량은 계절에 따라 달라지므로, 오늘날의 기준으로 봤을 때 상나라의 시간 설정은 여전히 유동적이라고 할 수 있다.

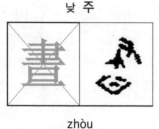

072 낮 주

zhòu

갑골문에 전체 낮 시간대를 나타내는 주(晝)라는 글자가 있다. 한 손으로 붓을 잡은 모습과 태양을 그렸는데(🖌, 🖌), 햇빛이 충분하여 글씨를 쓸 수 있는 대낮이라는 의미를 담았다.

상나라 때 사람들은 일찍 자고, 밤에는 불을 켜지 않고 일하며, 낮에는 전적으로 햇빛에 의존하여 생활했는데, 집에서 글을 쓸 때 더욱 그랬다. 글자를 쓸 수 있는 낮은 햇빛이 충분한 시간대라는 것을 의미한다.

금문에서 주(晝)자는 갑골문과 같은 구조이다. 다만 갑골문에서는 손이 붓의 옆에 있으나 금문에서는 붓을 쥐고 있는 손가락이 붓대를 관통하고 있다(🖌).

『설문해자』에서는 주(晝)에 대해 이렇게 풀이했다.

"주(晝)는 태양이 나오고 들어갈 때까지의 시간을 말하며, 밤과 경계가 된다. 획(畫)의 생략된 모습으로 구성되었고, 또 일(日)로 구성되었다. 주(🖌)는 주(晝)의 주문체이다."(晝, 日之出入, 與夜為介. 从畫省·从日. 🖌, 籒文晝.)

소전의 자형이 태양[日] 주위로 몇 개의 필획을 더하여 획(畫)자의 생략처럼 보였기 때문에, 허신은 이 글자를 낮 시간과 밤 시간을 구분하는 의미라고 해석하였다.

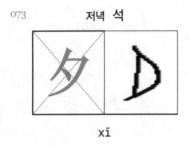

073 **저녁 석**

xī

밤 시간은 기본적으로 잠을 자며 쉴 때라서 시간대를 세분화할 필요가 없다. 그래서 상나라에서는 석(夕)과 숙(夙) 두 개의 시간대밖에 없다. 석(夕)은 밤의 앞 시간대를 말하고, 숙(夙)은 밤의 뒷 시간대를 말한다.

갑골문에서 석(夕)자❶는 이지러져 남은 달의 모양인데, 달빛이 비치는 시간대임을 분명히 나타내 준다. 한 달의 시간은 달이 지구를 한 바퀴 돌았다는 말이다. 그래서 월(月)자도 이지러져 남은 달의 모습으로 표현되었다. 석(夕)자와 월(月)자를 구분하기 위해, 초기의 석(夕)자는 달에 한 점이 있는 모습으로 표현하였고, 월(月)자에는 한 점이 없다. 그러나 어찌된 일인지 중기 이후로는 이 두 글자가 서로 바뀌어, 석(夕)자에는 달에 점이 없는 모습이고, 월(月)자에는 달에 점이 있는 모습이다.

❶

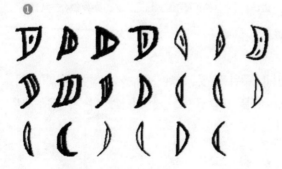

금문❷은 대체로 이와 같은 구조를 이어받았지만 예외도 있다.

『설문해자』에서는 석(夕)에 대해 이렇게 풀이했다.

"석(夕)은 저녁이라는 뜻이다. 달이 반만 보이는 모습이다. 석(夕)으로 구성된 글자들은 모두 석(夕)이 의미부이다."(𝘗, 莫也. 从月半見 凡夕之屬皆从夕.)

갑골문에서 숙(夙)자❸는 두 손을 앞으로 뻗고 땅에 무릎을 꿇은 모습인데, 달에게 공경을 표하는 몸짓이다. 고대에는 매일 달을 공손하게 보내고 태양을 맞이하는 의식을 책임지는 관리들이 있었을 것이다. 숙흥야매(夙興夜寐 아침 일찍 일어나고 밤늦게 자다.)라는 말이 있는데, '부지런히 일하다'라는 의미이다.

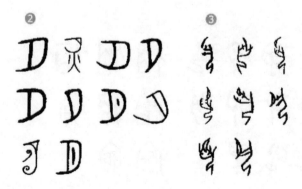

금문❹은 자형을 네모지고 반듯하게 쓰기 위해, 일부 자형에서는 달의 위치를 아래로 옮겨 병렬로 만들었다. 원래 무릎을 꿇고 앉은 자세도 점점 서 있는 형상으로 바뀌었다. 그래서 여(女)자와 같은 장식성 부호가 더해졌다.

『설문해자』에서는 숙(夙)에 대해 이렇게 풀이했다.

> "숙(夙)은 아침 일찍 일어나 천지와 조상께 공경을 나타내는 모습이다. 극(卂)과 석(夕)으로 구성되었다. 날이 어두울 때까지 쉬지 않았다 해도, 아침 일찍 일어나 공경을 나타낸다는 뜻이다. 숙(𠅤)은 숙(夙)의 고문체이다. 숙(𠅤)은 숙(夙)의 고문체이다."(夙, 早敬也. 从卂·夕. 夕不休, 早敬者也. 𠅤, 古文. 𠅤, 古文.)

여기에 기록된 두 개의 고문자형은 실제로 모두 갑골문의 숙(宿)자❺로써, 한 사람이 돗자리에서 자거나 방에서 자는 모습을 그렸다. 숙(夙)과 숙(宿)의 음이 같아서 빌려 쓴 것인데, 같은 글자로 잘 못 이해한 것으로 보인다.

❹   ❺

제7부

의복 문명의 발달

인간이 정착한 삶을 영위하려면 집을 짓고 비를 피하는 것은 물론, 추위를 견디기 위한 적절한 옷이 필요하다. 인간은 잡식성 동물로, 먹이를 얻는 범위가 넓고 먹이를 찾는 방법도 다양한 데다 동물의 털이나 식물의 섬유로 옷을 바느질할 줄 알기 때문에 기후에 따라 다른 지리적 환경에서 생존할 수 있다.

고대 사람들은 언제부터 옷을 만들 줄 알았을까? 12만 년 전에 나온 석핵(石核)은 바늘귀 뚫기, 바늘귀 꿰기, 동물가죽옷 꿰매기 등으로 발전했을 것이다. 3만 년 전에는 삼실이나 가죽으로 실을 꿰어 옷을 만든 것이 확실하다. 약 4만~2만 년 전의 요녕성 해성현(海城縣) 유적지에서 중국 최초로 코끼리의 앞니로 만든 길이 7.74센티미터, 구멍의 지름 0.16센티미터의 골침과 길이 6.9센티미터, 구멍의 지름 0.07센티미터의 골침이 발견되었다. 또 동물 뼈로 만든 길이 6.58센티미터, 구멍의 지름 0.21센티미터의 골침 1개가 발견되었다. 골침으로 미루어 볼 때, 그 시대에 이미 식물의 섬유를 이용했었고, 적어도 그때부터 옷을 만들었다고 추정된다.

인간이 옷을 만드는 최초의 목적은 지역에 따라 다를 수 있다. 어떤 지역에서는 성기를 자연계의 사악한 기운으로부터 보호하기 위해서, 혹은 가시, 곤충, 비나 이슬로부터 보호하기 위해 옷을 만들었다. 또 어떤 지역에서는 동물의 가죽으로 위장해 사냥을 하거나 심지어는 동물의 털을 입고 그런 동물들이 가진 특별한 능력을 얻기를 원했다. 초기 사회는 아무리 적게 입거나 상징적으로만 입어도 구성원들에게 어떤 장식품이나 옷을 사용하도록 요구하였다. 이것이 아름다움을 좋아하거나, 부끄러움을 감추거나, 계급을 구별하는 등의 문명화된 개념의 시작인 것이다.

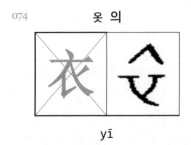

074 옷 의

yī

갑골문에서 의(衣)자❶는 옷깃이 달린 옷의 상반신의 모양이다. 옷깃이 달린 옷은 동물의 털이 아닌 천으로 꿰매어졌는데, 이는 방직 산업이 일어난 이후의 복장 스타일이다.

출토된 한나라의 의복을 살펴보면, 가늘고 긴 천으로 가슴에서 어깨를 지나 머리를 둘러싸고 겨드랑이 밑으로 돌아가는 옷깃을 단 형태의 의복을 만드는 방법을 알 수 있다. 옷을 이렇게 바느질한 이유는 대부분이 천의 가장자리가 느슨해지는 것을 방지하고, 게다가 교차의 폭이 얼마나 되는지를 알아서 몸매에 따라 조절하기 위해서이다. 털가죽으로 옷을 만든다면 이렇게 번거롭게 옷깃을 만들 필요가 없다. 그래서 의(衣)자가 만들어 진 것은 농업사회가 옷감을 봉제해서 만드는 의복 시대로 진입했음을 반영하고 있다. 의(衣)자가 나타내는 형상은 소전까지 자형이 전혀 변하지 않았다.

❶

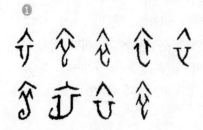

❷는 금문의 자형이다. 『설문해자』에서는 의(衣)에 대해 이렇게 풀이했
다.

> "의(衣)는 의지하다는 뜻이다. 윗부분을 의(衣)라고 부르고, 아랫부분
> 을 상(常)이라 부른다. 두 사람을 덮은 형상처럼 보인다. 의(衣)로 구
> 성된 글자들은 모두 의(衣)가 의미부이다."(𧘇, 依也. 上曰衣, 下曰常.
> 象覆二人之形. 凡衣之屬皆从衣)

허신은 자형의 의미를 완전히 이해하지 못한 채 두 사람을 덮은 듯
한 형상이라고 말했다. 옷 한 벌은 한 사람만 입을 수 있을 뿐 두 사람
이 같이 입을 수는 없다.

❷

075 **처음 초**

初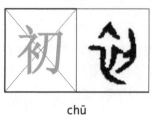

chū

갑골문에서 초(初)자❶는 칼 하나와 옷 하나로 구성되었다. 초(初)자의 의미를 통해, 칼로 옷감을 절단하는 것이 옷을 봉제하는 첫 단계라는 것을 알 수 있다. 금문❷의 자형에는 변함이 없다.

『설문해자』에서는 초(初)에 대해 이렇게 풀이했다.

"초(初)는 시작하다는 뜻이다. 도(刀)와 의(衣)로 구성되었다. 옷을 재단하는 시작단계가 된다."(𥘉, 始也. 从刀·衣. 裁衣之始也.)

아직 방직이 발명되지 않은 시대에는 짐승의 가죽으로 옷을 만들었다. 짐승의 가죽은 그 모양이 고르지 않고, 크기도 짐승의 종류에 따라 차이가 났기 때문에 우선 조각조각 자르고 나서 다시 하나의 옷으로 꿰매야 했다. 칼로 옷감을 절단하는 것이 옷을 만드는 첫 번째 단계이므로, 초(初)자에 '시작'이라는 의미가 생겼다.

옷을 어떻게 재단하고 바느질하느냐는 생활습관과 재료에 따라 달라진다. 유목 민족은 매일 말을 타고 달리면서 가축을 돌보기 때문에, 옷은 반드시 마찰을 견뎌내는 것이어야 했다. 그래서 그들은 얻기 쉬운 질긴 털가죽을 재료로 선택하여, 몸에 맞게 재단해서 달리면서 점프하는 사냥에 편리하게 하였다. 또 짐승의 가죽을 자르고 꿰매야 하는 만큼 몸매에 따라 타이트하고 좁은 스타일의 옷을 만들었다.

농경사회에서 뽕나무와 삼으로 방직한 직물은 쉽게 구할 수 있는 것들이고, 농사란 게 지나칠 정도로 격렬한 일도 아니라서 옷이 쉽게 닳지도 않는다. 그래서 번거로운 재단과 봉합을 최소화하기 위해, 가능한 한 방직하여 나온 원단을 유지하였고 몸에 맞게 옷을 맞출 필요 없이 헐렁하고 긴 스타일을 추구하였다. 이는 어느 정도 천이 있어야만, 여러 몸매에 맞출 수 있기 때문이었다.

076

가죽 구

qiú

'의구(衣裘)'라는 단어는 모든 옷을 지칭하는데 쓰이는데, 의(衣)는 섬유로 만든 옷을, 구(裘)는 모피로 만든 가죽옷을 말한다.

갑골문에서 구(裘)자❶는 모피의 털이 바깥으로 드러난 가죽옷의 모습이다. 금문❷의 자형은 형성자의 형식으로 바뀌어, 먼저 구(裘)의 형상에 있는 옷깃 사이의 공간에 우(又)자를 하나 더 넣었다(㼐). 우(又)자가 소리부의 역할 말고, 오른손과 가죽에 어떤 의미상의 연관이 있는지 잘 모르겠다. 우(又)자의 소리부로서의 효과가 나빴던 것인지, 이후에는 소리와 운부(韻部)가 모두 일치하는 구(求)자를 소리부로 삼았다(㼐).

『설문해자』에서는 구(裘)에 대해 이렇게 풀이했다.

"구(裘)는 가죽옷을 뜻한다. 옷의 모습이다. 상형으로, 쇠(衰)와 같은
뜻이다. 구(裘)로 구성된 글자들은 모두 구(裘)가 의미부이다. 구(求)는
구(裘)의 고문체이다."(裘, 皮衣也. 从衣. 象形. 與衰同意. 凡裘之屬皆
从裘. 求, 古文裘.)

허신은 구(裘)자를 의(衣)가 의미부이고 구(求)가 소리부인 형성자로
보지 않고 쇠(衰)와 같은 뜻이라고 말했다.

쇠(衰)는 죽은 자를 애도하기 위해 입는 상복으로, 옷에 가장자리를
꿰매지 않은 것은 아름다운 것을 추구하지 않는다는 비통한 심정을 담
았다. 아마도 고문체의 자형이 이른 시기에 출현했고, 모피의 털이 바깥
으로 드러난 가죽옷의 모습을 그린 데다, 구(裘)가 이후에 의(衣)를 더한
자형이라서 형성자로 생각하지 않았던 것으로 보인다.

『설문해자』에 제시된 구(裘)의 고문자형(求)은 갑골문❸과 금문❹에서
도 볼 수 있다. 금문의 자형은 앞쪽을 한쪽으로만 구부려 모피의 부드러운
성질을 나타내었다. 상나라에서 구(求)자는 '기원'의 의미이지 '옷'의 의미가
아니었다. 이는 구(求)자가 모피의 형상을 나타낸 것인데, '가죽옷을 만드는
재료'라는 의미로 쓰이게 되자 '기원하다'는 의미로 가차되었을 가능성이 있
다.

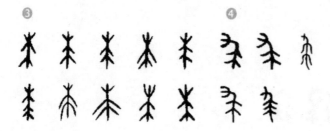

077

쇠할 쇠

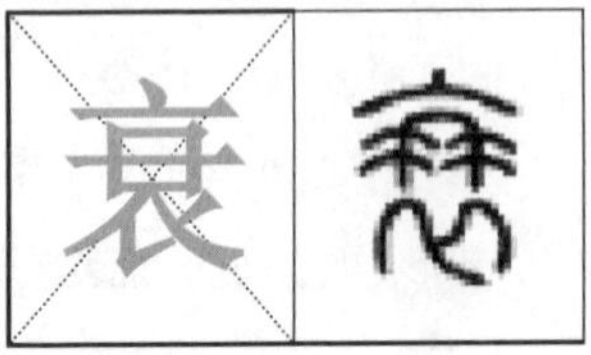

shuāi

『설문해자』에서는 구(裘)자를 설명하면서 쇠(衰)자와 뜻이 같다고 하고, 이렇게 풀이했다.

> "쇠(衰)는 풀로 만든 우비를 말한다. 진(秦)나라에서는 비(萆)라고 불렀다. 옷의 모습인데, 상형이다. 쇠()는 쇠(衰)의 고문체이다."(, 艸雨衣也. 秦謂之萆. 從衣, 象形. , 古文衰.)

허신은 이 자형이 의(衣)자의 중간에 염(冉)자가 있는 형상이라고 했다.

『설문해자』에서는 염(冉)에 대해 이렇게 풀이했다.

> "염(冉)은 털의 부드러운 모습을 말한다. 상형이다. 염(冉)으로 구성된 글자들은 모두 염(冉)이 의미부이다."(, 毛冉冉也. 象形. 凡冉之屬皆从冉.)

금문❶의 자형은 헐렁하고 헤진, 표면이 고르지 않은 물건의 모습이다. 그래서 『설문해자』에서는 쇠(衰)자가 풀로 엮은 우비라고 여겼다. 그러나 '쇠약하다'는 뜻은 우비와는 관련이 적고, 상복제도와 관련이 있을 것이다.

❶

보통 옷감은 방직 재료로 재단하고 헝겊이 느슨하게 풀려 올이 풀리는 것을 막기 위해 가장자리를 꿰매야 하기 때문에 중국에서는 옷깃을 단 옷을 만들었다. 고대 사람들은 죽은 친척들에게 애도를 표하기 위해 편안한 삶과 아름다운 것을 추구하려고 하지 않았다. 가장 평범한 침구에서 잠을 잤고, 아름답지 않은 옷을 입었다. 장례를 치르는 동안 입는 옷에 가장자리를 꿰매지 않은 것은 아름다운 것을 추구하지 않는다는 뜻을 나타낸 것이다. 상중에는 자연히 식사를 제대로 할 수 없기에 체력이 약해져서 다른 사람들이 부축을 해야 걸을 수 있다. 그래서 쇠(衰)자가 장례의 옷을 대표하게 되었고, 이로부터 '쇠약하다'는 뜻까지 파생되었다. 이렇듯 쇠(衰)자의 의미는 가장자리를 꿰매지 않은 상복에서 비롯되었다. 장례는 중국인이 매우 중시하는 제도로서 부모님을 사모하는 심경을 나타낸다.

078

걸 표

表 㣆

biăo

모피는 상고 시대에 쉽게 구할 수 있는 옷감이었지만, 농업이 이루어지면서 삼림과 초원이 점차 농지로 개척되자, 자연스레 들짐승이 축출되거나 포획되어 죽게 되었다.

그렇게 되면서 모피는 점점 귀해졌고 더욱이 뽐낼 수 있는 재산이 되었다. 『사기·맹상군열전(孟嘗君列傳)』에는 전국시대 맹상군이 하얀 여우 모피[白狐裘]로 진(秦)나라 소왕(昭王)의 애희(愛熙)에게 뇌물을 주어, 그가 진나라를 탈출하도록 도왔다는 내용이 기록되어 있다. 진나라 소왕의 애희가 여우 모피를 얻기 위해 감히 신부(信符)를 훔쳐 맹상군의 탈출을 도왔다는 사실만으로도 모피의 가치와 사랑을 엿볼 수 있다.

희귀한 동물의 모피는 가격이 비싸, 아름다움과 힘을 나타내었다. 하지만 사람들은 얼룩이 지는 것을 두려워해서 매우 특이한 습관이 만들어지게 되었다. 즉, 아름다운 모피를 입고 있으면서도 거기에다 또 겉옷을 덧댄 것이다. 그러면서 한쪽 모서리로 털이 나오게 하여 모피 옷을 과시하는 것도 잊지 않았다.

『설문해자』에서는 표(表)에 대해 이렇게 풀이했다.

"표(表)는 윗옷을 말한다. 의(衣)와 모(毛)로 구성되었다. 옛날의 의복과 모피 옷은 모피를 바깥에 두었다. 표(襮)는 표(表)의 고문체로, 록(鹿)으로 구성되었다."(㣆, 上衣也. 从衣毛. 古者衣裘, 故以毛為表襮, 古文表. 从鹿)

허신은 표(表)자에 겉모습의 의미가 있다고 설명하였는데, 직물이 없던 시대에 사람들은 모피를 입고 나와 아름다운 털을 겉으로 드러냈던 것이다.

허신은 고대 사람들이 모피를 가장 바깥쪽에 입었다고 여겼으나, 자형으로 봤을 때 모(毛)자는 옷의 바깥쪽이 아닌 안쪽에 있다. 그렇기에 이 글자가 나타내는 것은 반대의 상황일 가능성이 높으며 고서에서 이를 입증할 수 있다. 『예기·옥조(玉藻)』에서는 "갖옷을 겉에 입고는 공적인 장소에 들어서지 않는다.(表裘不入公門.)"라고 하였는데, 모피의 위에 또 외투를 걸쳐야 공적인 장소를 출입할 수 있다는 의미로, 이러한 외투를 표(表)라고 불렀다.

『예기·옥조(玉藻)』에 또 "임금이 여우의 흰 털로 만든 갖옷을 입을 때에는 그 밑에 비단옷을 석(裼)으로 입는다.…군자는 푸른색을 넣은 여우의 갖옷에 표범가죽으로 장식을 더하고, 검은 물을 들인 무늬 비단옷을 석(裼)으로 입는다.…염소의 갖옷에는 표범의 장식을 더하고, 검은 물을 들인 옷을 석(裼)으로 입는다.(君衣狐白裘, 錦衣以裼之. …君子狐青裘豹褎, 玄綃衣以裼之. …羔裘豹飾, 緇衣以裼之.)"라는 기록이 있는데, 겉옷인 표(表)를 통해 귀족의 계급을 알 수 있다. 게다가 이 시기에는 겉옷의 소재, 색깔, 짐승 가죽의 종류에 대한 규정이 있었다. 그래서 사람들은 겉옷인 표(表)를 보고 안에 어떤 모피를 입었는지 바로 알 수 있었다.

표(表)자는 모피 옷에 덧대는 겉옷을 말한다. 이를 통해 계급을 나눌 수 있으므로 '표면(表面)', '표창(表彰)하다' 등의 의미가 생겼다.

079 옷 길 원

yuán

오랫동안 농업사회 생활을 하면서 상나라 사람들은 대체로 느슨하고 긴 스타일의 옷을 입었다.

옷의 스타일에 대해서는 신들에게 알릴 필요가 없었기 때문에 갑골문에서 옷에 대한 내용은 매우 적다. 유가의 공자(孔子)는 상족(商族)의 후예로서, 고유한 문화적 관습을 보존하기 위해 장의(長衣)를 숭상했을 수도 있다.

『예기·심의(深衣)』에서는 장의(長衣)에 대해 "문(文)이 될 수도 있고, 무(武)가 될 수도 있다. 빈상(擯相)을 할 수도 있고, 군려(軍旅)를 다스릴 수도 있으니, 완전하고도 허비되지 않는다.(可以爲文, 可以爲武, 可以擯相, 可以治軍旅, 完且弗費.)"라고 하였다. 즉, 남녀, 귀천, 혼례와 장례, 경사에 상관없이 입을 수 있고, 심지어 군인에게도 적합한 복식인 것이다.

주나라의 민족이 상나라를 멸망시키고 나서, 그들의 전통의상인 슬갑으로 두른 치마[芾圍裙]를 들여와 강제로 주나라에 봉직시킨 상나라 사람들에게 예복으로 삼게 했다. 하지만 일반적인 상나라의 유민들은 여전히 비교적 편한 장의를 입었다. 전국시대의 그림들을 살펴보면, 사람들이 대부분 장의를 입고 있다. 한나라에 들어서면서 유가(儒家)가 득세하자, 장의는 보통 사람들의 일상적인 의상이 되어 명(明)나라까지 계속 유지되었다.

『설문해자』에서는 원(袁)에 대해 이렇게 풀이했다.

"원(袁)은 장의의 모양이다. 의(衣)가 의미부이고, 유(叀)의 생략된 형태가 소리부이다."(袁, 長衣兒. 从衣, 叀省聲.)

소전의 자형이 잘 못 변하여, 원(袁)자에서 의(衣)에 해당되는 부분은 아랫부분만 남게 되었다. 그래서 원(袁)자의 윗부분을 유(叀)의 생략된 형태가 소리부라고 한 것이다. 갑골문과 금문에서 원(袁)자는 보이지 않지만, 원(袁)자가 편방이 된 예가 있다. 금문에서 원(遠)자❶는 착(辵)이 의미부이거나 척(彳)이 의미부이면서 원(袁)이 소리부인 형성자이다. 이 자형을 통해, 갑골문에서 육(毓)자의 한 형태인 🐾이 한 손으로 옷을 한 벌 들고 갓난아기에게 입히는 모습(🐾)임을 추측할 수 있다. 아기들은 모두 일체형 장의를 입는데, 의(衣)자 위에 있는 세 개의 짧은 획은 모자의 장식을 표현한 것이다. 그림으로 의(衣)자와 확연히 차이가 나는 장의를 표현하기 어려워서일까, 아기들의 장의를 가지고 어른의 장의를 나타내었다.

의(衣)자의 가운데에 있는 동그라미는 머리를 나타낸 것이거나 소리부로 사용되는 것일 수 있다. 그러나 원(袁)자와 원(員)자는 운부가 다르기 때문에, 동그라미는 머리를 나타내어 아기의 몸 전체가 긴 옷에 싸여 머리만 노출된 것을 표현했을 것이다.

❶

080 후손 예

yì

금문의 예(裔)(曾)자를 『설문해자』에서는 이렇게 풀이했다.

"예(裔)는 치맛자락이 있는 긴 옷을 말한다. 의(衣)가 의미부이고, 열(冏)이 소리부이다. 예(术)는 예(裔)의 고문체이다."(裔, 衣裙也. 从衣, 冏聲. 术, 古文裔.)

 고문의 자형(术)을 통해, 예(裔)자가 치맛자락이 있는 긴 옷이라는 것을 알 수 있다. 금문의 자형에서는 넓은 띠 모양을 더욱 잘 표현하였다. 넓은 띠는 긴 옷을 졸라맬 때 사용되기에, 예(裔)자가 긴 옷임을 더욱 증명해준다. 자형 아래의 구(口)는 별다른 의미 없이 공간을 채우기 위한 부호일 뿐이다. 치마의 가장자리가 웃옷과 멀어서, '후예'의 뜻으로 확장되었다.

081 바느질할 **치**

zhǐ

갑골문에서 치(黹)자❶는 무슨 도형인지 쉽게 알아볼 수 없지만, 다행히 금문❷의 자형과 문헌을 대조해 볼 때 이 글자가 치(黹)이고, 옷의 자수와 관련이 있다는 것을 알 수 있다.

치(黹)는 수를 놓은 도안으로, 윗 계급에서부터 하사받은 물건이다.

『설문해자』에서는 치(黹)에 대해 이렇게 풀이했다.

"치(黹)는 실로 수를 놓은 옷을 말한다. 폐(㡀)와 착(丵)의 생략된 모습으로 구성되었다. 자수의 무늬이다. 치(黹)로 구성된 글자들은 모두 치(黹)가 의미부이다."(黹, 箴縷所紩衣也. 从㡀丵省, 象刺文也. 凡黹之屬皆从黹.)

천과 실크로 꿰매진 옷은 옷깃의 가장자리가 해지는 것을 방지하기 위해 '교차되는 옷깃'의 형태로 꿰맸다. 아름답게 하기 위해서 귀족 계급들은 이 천 조각에다 자수를 놓았는데 이를 '치둔(黹屯)'이라 했다.

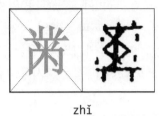

갑골문에서 둔(屯)자는 어깨뼈 두 조각을 묶어 한 쌍으로 만든 형상이다. 둔(屯)의 의미는 '포장하다', '두껍다', '포위되다'이다. 치둔(黹屯)의 의미는 옷의 가장자리를 덮는 자수인데, 자수의 무늬에 따라 신분의 차이를 나타내는 것으로 발전하였다. 상급 귀족들은 이미 자수가 끝난 천을 하급 귀족에게 하사하여, 이 등급의 자수 도안을 쓰도록 허락했음을 표시하였다.

자수의 도안은 기하학적이거나 교차한 모양이거나 대칭적인 모양이 대부분이다. 그래서 갑골문에서 치(黹)의 자형은 이런 도안들을 나타내고 있다. 짐승의 가죽으로 재단한 모피는 가장자리가 잘 닳지 않기 때문에 꿰맬 필요가 없으며, 게다가 가죽은 무겁고 가격이 비싸서 비용 절감을 위해 옷깃을 만들지 않았다. 그러나 이후에는 옷에 보편적으로 깃을 달았고, 모피에도 옷깃이 있는 디자인으로 재단하였다.

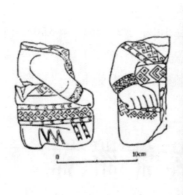

┃상나라의 무릎 꿇은 석조 인물상 및 복원도. 옷깃, 옷 가장자리, 소맷부리 부분에 자수가 있다.

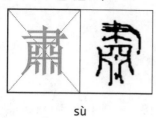

082 엄숙할 숙

sù

고대 사람들은 색으로 아름다움을 표현하는 걸 좋아했는데, 색이 다양할수록 더 아름답다고 여겼다. 계급을 중시하는 사회에서는 희귀한 재물로 남보다 뛰어난 지위를 과시하는 일이 많았다.

그래서인지 매일 입는 옷들로 자신을 드러내는 방법이 가장 쉬웠기에, 다양한 표현방법이 발전하기 시작했다. 재질의 고급스러움을 따지는 것 말고도, 색으로 나타내고자 했던 것이다. 옷에 색을 입히는 방법으로는 그림, 자수, 염색이 있다. 염색은 옷의 색만 바꿀 수 있을 뿐 원하는 무늬를 표현하기는 어려워서, 주로 그림과 자수 두 가지에 치중하였다.

『상서·고도모(皋陶謨)』에서는 순(舜)임금 시대를 "해, 달, 별, 산, 용, 꿩을 그리고, 종이(宗彝), 마름, 불, 분미(粉米), 보불(黼黻)을 수놓아, 오채(五彩: 푸른빛, 노란빛, 붉은빛, 흰빛, 검은빛의 다섯 가지가 아름답게 섞인 빛)로 다섯 가지 색깔을 드러내어 옷을 만든다.(日, 月, 星辰, 山, 龍, 華蟲作會, 宗彝, 藻, 火, 粉米, 黼黻絺繡, 以五彩施于五色, 作服)"라고 기록하였다. 이 옷들의 도안과 자수 장식이 꼭 순임금 시대의 것은 아니지만, 적어도 주나라 사람들은 자신의 경험에 비추어 천 년 전의 상황을 추측하였다.

금문에서 숙(肅)자❶는 한 손으로 붓을 들고(✗) 도안을 그리고 있는 모습이다.

『설문해자』에서는 숙(肅)에 대해 이렇게 풀이했다.

"숙(肅)은 일을 하는 것에 대한 존경을 나타낸다. 율(聿)이 연(㬎)의 위에 있는 모습이다. 숙(書)은 숙(肅)의 고문체이다. 심(心)과 절(卩)로 구성되었다."(肅, 持事振敬也. 从聿在㬎上. 書, 古文肅. 从心·卩.)

허신은 왜 이 자형이 일을 하는 것에 대한 존경의 뜻을 나타내는지 설명하지 않았다.

글자의 형체와 의미를 결합해보면, 한 사람이 붓을 들고 대칭적인 도안을 그리는 모습이라고 추론된다. 치(黹)자는 대칭적인 기하학적 도안의 형상이고, 숙(肅)자는 자수를 뜻하는 수(繡)의 원래 글자이다. 도안을 그리는 것이 자수의 첫 번째 작업이다. 도안을 제대로 그리지 않았다면 자수 작품은 쉽게 수놓아지지 않는다. 그러나 누구나 그림을 잘 그리는 것은 아니어서 후세에서는 자수의 문양만을 판매하는 업종이 생겼다.

자수는 다양한 색상의 견사를 사용하여 흰 천에 아름다운 도안을 그리는 것이다. 수를 놓을 때에는 실수를 하지 않도록 세심한 주의를 기울여야 하기 때문에, '정숙(正肅)'이나 '엄숙(嚴肅)' 등의 뜻이 나왔다.

❶

자수는 대부분 옷깃, 소매 가장자리, 옷 가장자리, 넓은 띠 등에 수 놓는다. 전체를 자수해야 한다면, 정상적인 상황은 아닐 것이다.

예를 들어 상나라의 인물 조각상은 전신에 무늬가 그려져 있고(아래 그림), 신발은 신고 있지 않으며, 머리는 변발의 형태였다. 위에는 밧줄로 꿸 수 있는 구멍이 있어서 물품을 달 수 있었다. 그러니 귀족이 아니라, 제사 때 희생으로 사용되는 다른 부족의 사람 형상일 가능성이 높다.

옷에 수를 놓을 때는 자체적으로 제도가 있기 때문에, 마음대로 만들 수가 없다. 『예기·교특생(郊特牲)』에서는 "흑백의 실로 도끼 모양의 수를 놓아 만든 깃, 붉은 색으로 만든 조복이나 제복의 단과 속옷이 대부의 분수에 넘치는 예절이다.(繡黼丹朱中衣, 大夫之僭禮也.)"라고 하였다.

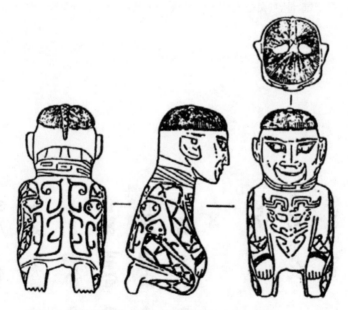

▌상나라 때, 옥으로 조각한 사람 모습.

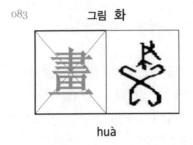

083 그림 화
huà

갑골문에 숙(肅)자는 없어도, 화 (畫)자는 존재한다. 화(畫)자❶는 한 손에 붓을 들고 교차되는 십 자선 모양을 그리는 모습이다. 밑 그림은 자수의 첫 번째 단계이며, 의류의 가장자리를 따라 새긴 '치둔 (黹屯)'의 도안을 그렸을 것이다.

사람들은 그린 도안이 너무 단순하다고 생각해서인지, 금문❷의 자형에 는 원래 있던 갑골문의 자형 외에도, 전(田)을 하나 더 그려 넣은 모습(畫) 이나 장식성 부호인 구(口)나 왕(王)을 더한 모습(畫, 畫)이 존재한다. 고대 에는 전적(田籍)의 그림을 자주 그렸기 때문에 밭[田]의 부호를 더했을 것이 다. 왕의 부호를 붙인 것은 왕가와 관련된 휘장을 표시한 것으로 보인다.

『설문해자』에서는 화(畵)에 대해 이렇게 풀이했다.

"화(畵)는 경계를 나눈 모습이다. 율(聿)로 구성되었다. 밭과 사방의
경계를 그린 모습이다. 붓은 경계를 나눌 때 사용하는 도구이다. 화
(畵)로 구성된 글자들은 모두 화(畵)가 의미부이다. 화(畵)는 화(畵)의
고문체이다. 화(畵)도 역시 화(畵)의 고문체이다."(畵, 介也. 从聿. 象
田四介. 聿所以畵之. 凡畵之屬皆从畵. 畵, 古文畵. 畵, 亦古文畵.)

허신은 늦게 출현한 자형에 따라 화(畵)를 해석하였는데, 원래 밭을
나눈 모습은 아닐 것이다.

084　**물들일 염**

rǎn

갑골문과 금문에서는 여전히 염(染)자가 보이지 않는다. 『설문해자』에서는 염(染)에 대해 이렇게 풀이했다.

"염(染)은 비단에 색을 입히는 것을 말한다. 수(水)가 의미부이고, 잡(杂)이 소리부이다."(𣴎, 以繒染為色也. 从水, 杂聲.)

허신은 염(染)을 형성자로 해석하였다.

수(水), 목(木), 구(九)의 3가지 성분으로 구성되어 있는데, 식물[木]의 즙[水]을 여러 번[九] 침투시켜 담그는 염색 작업을 의미한다. 천이 식물의 색소로 물드는 횟수가 많을수록 색깔은 더욱 선명해진다. 구(九)는 가장 높은 단위 수를 나타내기 때문에, 구(九)로 염색하는 횟수가 많다는 것을 표시했다.

식물의 즙으로 염색제를 만드는 것은 비교적 이후의 기술이다. 6천여 년 전 앙소 문화의 채색토기는 초기의 염색방법이 색깔 있는 광석을 갈아서 가루로 만들고, 옷에 물을 발라 색이 나게 했지만, 색이 쉽게 빠지거나 퇴색되는 단점이 있었던 것으로 추정할 수 있다. 이후에 식물의 즙으로 염색을 한 것이 오래 보존되고 아름답다는 것을 발견하고 나서는, 이것이 염색의 주된 방법이 되었다.

염(染)자의 구조로, 한나라에 널리 사용되던 염색제가 쉽게 퇴색하지 않는 식물의 색소로 발전했다는 것을 알 수 있다. 염색은 옷을 특정 도안으로 염색할 수 없지만, 실크를 다른 색으로 염색한 뒤 자수를 놓아 다양한 무늬를 만들 수 있다.

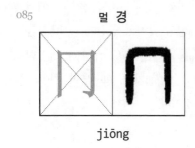

멀 경

jiōng

금문에서 경(冂)자의 자형은 冂, 冂이다. 서주 초기의 청동기 명문에 하사품의 항목 중에서 의복에 속하는 경의(冂衣), 불석(市舄)이라는 글자가 있다. 의(衣)는 윗옷이고, 불(市)은 의식을 행할 때 입는 슬갑이다. 석(舄)은 의식을 행할 때 신는 바닥이 두꺼운 신발이고, 경(冂)은 상의에 어울리는 두 단으로 된 치마를 말한다.

이 자형은 또 다른 자형❶과 너무 비슷하여, 이를 구별하기 위해 이후에 상(常), (裳)자로 바뀌었다. 『설문해자』에서는 상(常)에 대해 이렇게 풀이했다.

"상(常)은 치마를 말한다. 건(巾)이 의미부이고, 상(尙)이 소리부이다. 상(裳)은 상(常)의 혹체로, 의(衣)로 구성되었다."(常, 下帬也. 从巾尚聲. 裳常或从衣)

이는 문자학에서 상형자나 회의자를 형성자로 대체한 예로써, 경(冂)자의 독음이 상(裳)일 가능성이 크다.

❶ ❷

상(裳)의 소리부인 상(尙)자는 금문❷에서 보는 것처럼 경(冂)자에서 발전했을 것이다. 문자의 변천과정을 보면, 항상 글자의 공간에 구(口)자를 채워 넣는데, 경(冂)자에서 구(口)를 더해 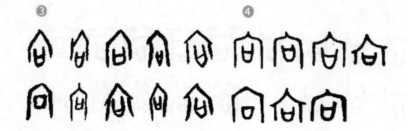이 되고, 다시 이 위에 가로획 두 개를 더 넣어, 상(尙)자가 되었을 것이다. 상(尙)자에 의미부인 건(巾)이나 의(衣)가 더해져서 상(常)과 상(裳)이 된 것이다.

『설문해자』에서는 상(尙)에 대해 이렇게 풀이했다.

"상(尙)은 '일찍이', '아마~겠지요?'라는 뜻이다. 팔(八)이 의미부이고, 향(向)이 소리부이다."(尙, 曾也. 庶幾也. 从八, 向聲.)

그런데 실제로 상(尙)과 향(向)의 자형은 다르다.

갑골문에서 향(向)자❸는 방(房)자에 입구가 있는 모습이다. 집의 입구는 바로 마주하는 방향을 말한다. 초기의 지하 동굴 형태의 집에서는 출입구가 하나밖에 없었지만, 이후에 집이 지면으로 완전히 올라가면서 점점 뒷면의 벽에 창을 하나 더 만들게 되었다. 앞 문짝의 개구부를 호(戶)라고 부르고, 뒷면 벽의 개구부를 향(向)이라 불렀다. 금문에서도 향(向)자❹의 자형에는 변함이 없다.

『설문해자』에서는 향(向)에 대해 이렇게 풀이했다.

"향(向)은 북쪽으로 난 창문을 말한다. 면(宀)으로 구성되었고, 또 구(口)로 구성되었다. 『시경』에서는 '북쪽으로 난 창을 막고, 진흙으로 문틈을 바른다.'라고 했다."(向, 北出牖也. 从宀.从口. 詩曰: 塞向墐戶.)

허신은 이후에 생겨난 향(向)의 의미에 대해서 설명하였다. 상(尚)과 향(向)의 자형이 너무 비슷했기 때문에, 상(尚)자에 두 개의 짧은 획을 더하여 구분하였을 것이다.

종합적으로 말하면, 경(冂)자는 치마의 형상이었지만, 이후에 형성자인 상(常)과 상(裳)으로 변하였다. 현재는 '평소'의 의미로 상(常)자가 쓰이고, '의복'의 의미로 상(裳)자가 쓰인다.

『설문해자』에서는 경(冂)에 대해 이렇게 풀이했다.

"경(冂), 수도의 밖을 교(郊)라고 부르고, 근교의 밖을 야(野)라고 부르며, 들의 밖을 림(林)이라 부른다. 또 숲의 밖을 경(冂)이라 부른다. 이는 먼 곳의 경계를 그린 것이다. 경(冂)으로 구성된 글자들은 모두 경(冂)이 의미부이다. 경(回)은 경(冂)의 고문체이다. 국(口)으로 구성되었는데, 수도의 모습이다. 경(坰)은 경(回)의 혹체이며 토(土)로 구성되었다."(冂, 邑外謂之郊, 郊外謂之野, 野外謂之林. 林外謂之冂. 象遠介也. 凡冂之屬皆从冂. 回, 古文冂. 从口, 象國邑. 坰, 回或从土.)

글자의 형체와 의미를 종합해봤을 때, 경(冂)은 대부분 교외에 세워진 패루(牌樓)와 같은 건축물의 형상이다. 또한 자형이 너무 단순하여 이후에는 경(坰)자로 썼다.

086

슬갑 불

市　市

fú

금문의 명문에서 흔히 신하에게 하사하는 물품 중에 현의(玄衣)와 적불(赤市)이 있다. 불(市)은 패물의 하나인 주황(朱黃), 유황(幽黃) 등과 함께 자주 하사된다. 불(市) 자❶는 '슬갑(무릎 커버)'이 허리띠에 걸려 있는 모습이다.

『설문해자』에서는 불(市)에 대해 이렇게 풀이했다.

"불(市)은 슬갑을 말한다. 고대에 옷의 앞을 가리는 천으로 둘러싼 모습인데, 불(市)로 그것을 묘사하였다. 천자는 주홍 빛 슬갑, 제후는 붉은 빛 슬갑, 대부는 푸른 빛 패옥을 하였다. 건(巾)으로 구성되었으며, 가죽 띠를 연결한 모습이다. 불(市)로 구성된 글자들은 모두 불(市)이 의미부이다. 불(韍)은 불(市)의 전문체이다. 위(韋)로 구성되었고, 또 발(犮)로 구성되었다. 불(紱)은 속체이다."(市, 韠也. 上古衣蔽前而已, 市以象之. 天子朱市, 諸侯赤市, 卿大夫蔥衡. 从巾. 象連帶之形. 凡市之屬皆从市. 韍, 篆文市. 从韋从犮. 俗作紱.)

❶

市 市 市 市 市
市 市 市 韍

슬갑은 원래 목동이 가축을 잡을 때 찰과상을 입지 않도록 하체와 무릎을 보호하기 위한 가죽 옷이었다. 주나라 민족은 원래 유목업을 하였는데, 상나라를 멸망시키고 중원(中原) 지역에 들어와서 농경생활로 정착하게 되었지만, 옛 전통은 여전히 남아 있었다. 그래서 슬갑의 소재를 비단으로 바꾸고 상징성을 띤 예복으로 삼았다. 이것은 귀족이 의식을 행할 때 사용하는 복장으로, 일부 서주시대의 옥으로 만든 조각상에 이러한 형상을 볼 수 있다(아래 그림).

▌서주시대 옥으로
조각한 사람의 형상.
허리에 맨 도끼 모양의
물건이 바로 불(芾)이다.

087

시원할 상

shuǎng

금문에서 상(爽)자❶는 큰 성인의 몸 양쪽에 정(井)자 모양의 부호가 더해졌다. 『설문해자』에서는 상(爽)에 대해 이렇게 풀이했다.

"상(爽)은 밝다는 뜻이다. 리(㸚)와 대(大)로 구성되었다. 상(㸚)은 상(爽)의 전문체이다."(爽, 明也. 从㸚·大. 㸚, 篆文爽)

허신은 왜 이 도형이 '상쾌하다'는 뜻을 가지는지 설명하지 않았다.

또 『설문해자』에서는 희(稀)에 대해 이렇게 설명했다.

"희(稀)는 성기다는 뜻이다. 화(禾)가 의미부이고, 희(希)가 소리부이다."(稀, 疏也. 从禾, 希聲.)

여기에서는 희(希)자에 대한 해석이 없어졌다. 소전의 형상으로 볼 때, 희(希)자는 수건의 올이 조밀하지 않고 성겨서 구멍이 보이는 것을 나타낸다.

❶

이 글자를 통해, 상(爽)자는 옷의 올이 성기고 거친 것을 상징하는데, 이런 옷을 입으면 여름에 편안하고 시원하기에, '상쾌하다'는 뜻이 나왔다고 추론할 수 있다.

일반 백성들이 마(麻)의 식물 섬유로 짠 옷을 입었고, 귀족은 비싼 비단실로 짠 옷을 입었지만, 더운 여름철에는 마로 짠 옷을 입는 것이 편했을 것이다

제**8**부

의복제도와 장신구

사마천의 『사기』에 기록된 중국의 역사는 황제(黃帝)부터 왕조가 시작되었다. 황제 이전은 성인(聖人)의 시대이다. 갑골문에서 성(聖)자❶는 한 사람이 큰 귀를 가지고 있어, 입에서 나오는 소리를 잘 분별하는 모습을 나타냈다. 이 글자는 특히 귀를 표시하여, 선천적으로 특별한 청력이 있음을 강조하였다.

금문❷에서는 사람의 몸에 약간의 필획을 더 첨가하였다. 『설문해자』에서는 성(聖)에 대해 이렇게 풀이했다.

"성(聖)은 통하다는 뜻이다. 이(耳)가 의미부이고, 정(呈)이 소리부이다."(聖, 通也. 从耳, 呈聲.)

또 사람의 몸이 귀와 분리되어 형성자로 오해받았다.

❶ ❷

전국시대 말기의 『고공기(考工記)』에서는 "지혜로운 자는 사물을 창조하고, 기교 있는 자는 그것을 계승하고 지키는데, 세상에서는 그를 장인이라고 부른다. 여러 장인의 일은 모두 성인이 만든 것이다. 쇠를 녹여서 칼을 만들고, 흙을 이겨서 그릇을 만들고, 수레를 만들어 육지를 다니고, 배를 만들어 물에 다니는 이 모든 것이 성인이 한 것이다.(知者創物, 巧者述之·守之, 世謂之工. 百工之事, 皆聖人之作也. 鑠金以為刃, 凝土以為器, 作車以行陸, 作舟以行水, 此皆聖人之所作也.)"라고 하였다. 이러한 성인들은 사람들의 생활을 개선하는 다양한 노동의 방법과 기물을 속속 발명하고, 향후 국가조직의 수립에 필수적인 물질적 토대를 마련하지만, 이들은 정치에 필요한 모든 인위적인 제도에는 미치지 못하고 있다. 그래서 전설 속에서, 초기의 성인들은 반인반수의 신과 같은 존재이거나, 문명의 산물인 옷을 입지 않은 모습으로 묘사되어, 그들이 여전히 야만적인 시대에 있다는 것을 나타내었다. 황제(黃帝) 이후의 제왕들은 문명의 상징인 의관을 하고 옥으로 만든 장식물을 착용하였다.

황제(黃帝)부터 의관 제도가 생겼고, 허리띠에 옷을 매기 시작하면서 계급을 달리하는 표기로 삼았다고 전해진다. 『예기·옥조(玉藻)』에 "모든 띠에는 반드시 옥을 찼다.(凡帶必有佩玉.)"라는 기록이 있다. 옥패(玉珮)는 허리띠에 다는 장식으로, 황제(黃帝)가 창안한 의복제도일 가능성이 높다. 이는 곧 옥으로 장식한 노리개로 계급을 구분하여 사회질서를 공고히 한 것이다. 제왕적 의관을 쓴 최초의 인물이 왜 황제(黃帝)로 불렸는지 살펴보는 것은 매우 흥미로운 과제가 될 것이다.

088

누를 황

huáng

갑골문에서 황(黃)자❶는 허리 띠에 다는 옥으로 조합된 장식의 모습이다. 중앙의 원은 이 장식물의 주체가 되는 옥고리로, 원형의 옥 하나 또는 구부러진 옥 세 개를 둥글게 둘러도 된다.

상단은 허리띠에 가까운 옥으로 만든 장식용 노리개이며, 하단은 형아(衡牙) 및 옥으로 만든 노리개이다.

그래서 황(黃)의 본래 뜻은 옥으로 장식한 노리개이며, 이후 노란색으로 가차되었다.

금문❷의 자형은 갑골문에서 별로 변한 게 없다.

『설문해자』에서는 황(黃)에 대해 이렇게 풀이했다.

> "황(黃)은 땅의 색깔을 말한다. 전(田)이 의미부이고, 광(炗)이 소리
> 부이다. 광(炗)은 광(光)의 고문체이다. 황(黃)으로 구성된 글자들은
> 모두 황(黃)이 의미부이다. 황(��)은 황(黃)의 고문체이다."(黃, 地之色
> 也. 从田, 炗聲. 炗, 古文光. 凡黃之屬皆从黃. ��, 古文黃.)

허신은 옥으로 만든 장식물의 형상을 알아보지 못하고, 고문의 광
(光)자의 음운에서 비롯되었다고 해석하였다.

황제(黃帝)라는 이름에는 어떤 특별한 의미가 있을까?

예로부터 황제의 이름은 땅의 은덕에 순응하여 노란색을 숭상하던
음양오행설에서 유래하였다고 생각했다. 서주시대의 사람들은 우주가
나무, 불, 흙, 쇠, 물 등 다섯 가지 물질로 이루어져 있다고 상상하였다.
음양오행설은 전국시대 말까지 발전하였는데, 이 시기에 음양가였던 추
연(鄒衍)은 이러한 모든 물질을 동, 서, 남, 북, 중앙의 다섯 방향, 파랑,
빨강, 노랑, 하양, 검정의 다섯 가지 색깔, 봄, 여름(초여름, 늦여름), 가
을, 겨울의 네 가지 계절과 배합시켰다. 그리고는 이 요소들이 체계적으
로 순서에 따라 차례로 우주를 지배하기 때문에 인간의 정치적 흥망에
영향을 끼친다고 여겼다. 그러므로 위정자들은 운을 받아야만 성공할
수 있고, 그렇지 않으면 패망할 수 있었다.

『주역』의 곤괘육오(坤卦六五)에는 '노란색 치마가 가장 길하다(黃裳元
吉)'라는 구절이 있다. 원래는 옥으로 장식한 노리개를 단 옷이 매우 길하다
는 뜻인데, 노란색 옷이 대단히 길하다는 뜻으로 잘 못 이해되었다. 음양오
행설에 따르면 노란색은 흙, 중앙과 서로 조화를 이룬다. 노란색은 가장 고
귀한 색이고, 흙은 곡물이 가장 의지하는 물질이며, 중앙은 사방에 닿을

수 있는 가장 적당한 위치이다. 황제는 오제(五帝) 중에서도 가장 위대하기에 당연히 중앙에 위치하고 노란 옷을 입어야 한다. 그래서 고대 사람들은 노란색을 역사상 첫 번째 제왕의 이름으로 명명한 것이다.

오제 중에서 황제만이 색깔로 이름이 지어졌다. 그런데 황제의 이름은 추연의 오덕상승설(五德相勝說) 이전에 나왔기 때문에, 그가 토양의 은덕에 순응하여 황제(黃帝)로 명명되었다고 할 수 없다.

신석기 시대부터 사람들은 보편적으로 밝은 붉은색과 검은색을 선호하여, 존귀한 자를 장식하는 색깔로 삼았다. 전국시대 사람들은 주나라에서 붉은색을 숭상한 사실을 근거로, 오행상생상승(五行相生相勝)의 새로운 이론을 응용하여 황제의 이름에 갖다 붙였다. 즉, 고대의 여러 왕조가 숭상한 색깔로 미뤄, 토양의 은덕에 순종하여 노란색을 숭상했기 때문에 황제의 이름이 지어졌다는 결론이 나온다.

인류가 원예업으로 생활을 하게 되자, 대다수의 사람들보다 많은 부를 가진 일부 사람들이 생기게 되었고, 점점 계급사회를 형성하게 되었다. 귀족계급은 얻기 어려운 동물의 가죽과 발톱, 이빨을 걸치고 금과 옥, 조개 등을 장식하여 권위와 특수한 신분을 과시하였다. 당시 중원에서 옥은 희귀하여 귀족 계급만이 소유할 수 있었다. 옥은 색이 아름답고 표면이 부드러우며 광택이 있고 재질이 견고하다. 갈아서 얇은 조각으로 만든 다음에 차례로 꿰어서 몸에 찬다면, 걸을 때 서로 부딪쳐 맑고 듣기 좋은 소리를 낸다. 옥으로 장식한 노리개는 발걸음에 절제가 있고 숙연한 분위기를 고조시키는 효과가 있어, 생산업에 종사하지 않는 지배계급의 유유자적한 모습을 잘 드러낸다.

허리춤에 걸치는 옥으로 만든 장식물은 노동에 방해가 되고 격렬한 군사행동에도 도움이 되지 않는다. 그러니 당연히 노동에 종사하지 않는 한가로운 사람들이 입는 옷에 적합할 것이다. 이렇게 불편한데도 귀족들이 그것을 착용하려 하는 데는 반드시 이유나 목적이 있다. 『후한서·여복지하(輿服志下)』에 "위의(威儀)의 제도를 3대가 같이 하였다. 다섯 명의 패자(霸子)들이 번갈아 창성하여, 전쟁이 끊이지 않았다. 패옥(佩玉)은 전쟁의 기물이고, 폐슬은 병사의 표지였다. 그리하여 폐슬과 옥패를 없애고, 그 허리띠에 찬 서옥을 남겨, 표식으로 삼았다.(威儀之制, 三代同之. 五霸迭興, 戰兵不息. 佩玉戰器, 韍非兵旗. 於是解去韍佩, 留其係璲, 以為章表)"라는 기록이 있다. '패옥(佩玉)'은 원래 전쟁을 치를 때 사용하는 기물이었는데, 병기가 예기로 바뀌어 사용된 걸로 추측된다. 이때 가장 중요한 목적은 사람들에게 '전쟁 없는 평화'를 기원하는 마음을 알리는 것이었다.

『사기·주본기(周本紀)』에는 주나라 무왕(武王)이 은(殷)을 멸망시키고 나서, "화산(華山)의 남쪽에 말을 풀어 놓고, 도산(桃山)의 빈터에 소를 방목하였다. 무기를 거두어들이고, 병사들을 해산하고 군대를 철수하여, 천하에 더 이상 무력을 쓰지 않을 것임을 보여주었다.(縱馬於華山之陽, 放牛於桃山之虛, 偃干戈, 振兵釋旅, 示天下不復用也)"라고 기록되어 있다. 이를 통해, 나라를 안정시키고 천하를 통일한 뒤 다시는 군대를 쓰지 않겠다고 하는 것은 중요한 정치적 책략임을 알 수 있다. 『공자가어(孔子家語)』에서는 "황제가 염제와 전쟁을 치르고 나서 승리하자 옷을 늘어뜨리고 수를 놓았다.(黃帝與炎帝戰, 克之, 始垂衣裳, 作黼黻)"라고 하였다. 즉, 전쟁에서 움직이기 불편한 땅에 늘어지는 긴 옷과 거기에 자수를 놓는 번거로운 일은 전쟁 이후, 사람들이 평화를 절실히 필요로 하고, 양생과 생산을 해야 할 때라는 것을 강조한 것이다.

옥으로 장식물을 만들 때 패옥[璜]은 매우 중요한 재료이다. 이는 용산 문화의 초기부터 대량으로 나타났는데, 이때가 사회 계급이 분화되고, 확립되는 시기였다. 이 시기는 4천8백 년 전쯤으로, 전설상의 황제의 시대와 대략 일치하며, 사회적 배경도 비슷하다.

황제는 전쟁 이후 의복제도를 만들고, 허리춤에 옥으로 만든 장신구를 달아 그 여유와 지위를 과시하였으니, 시대적 배경과도 부합한다. 따라서 우리는 옥으로 만든 장신구와 전쟁을 하지 않으려는 마음이 직접적으로 관계가 있다고 본다.

후대의 사람들이 이 제도를 만든 왕을 황제로 명명한 것은 그가 옥으로 만든 장신구로 전쟁에 의사가 없음을 나타내고, 이로써 계급을 구분하여 사회질서를 강화했기 때문이다. 이러한 해석이 '노란색이 가장 존귀하다'는 말보다 훨씬 합리적이고, 또한 계급이 나누어진 그 시대적 특색을 잘 나타낸다.

089

띠 대

帶 茶

dài

고대 중국의 옷에는 단추가 없고 끈으로 옷을 맸다. 옥패(玉珮)는 옷의 허리띠에 매는 비싼 장식물로, 주나라에서 흔히 볼 수 있는 하사품이지만, 대(帶)자는 잘 보이지 않는다.

금문의 대(帶, 茶)는 윗부분은 허리띠로 조여진 옷의 허리 주름, 아랫부분은 연속된 옥 장식물이 달린 옷단이다.

『설문해자』에서는 대(帶)에 대해 이렇게 풀이했다.

"대(帶)는 큰 띠를 말한다. 남자는 가죽 띠를 매고, 여자는 실띠를 맨다. 묶어서 착용한 모습이다. 착용할 때에는 반드시 천이 있어야 하므로, 그래서 건(巾)으로 구성되었다."(帶, 紳也. 男人鞶帶, 女人帶絲. 象繫佩之形. 佩必有巾, 从巾.)

『예기·내칙(內則)』에 다음과 같은 구절이 있다.

"아들이 부모를 섬길 때는, …왼쪽에는 패건, 손수건, 칼, 숫돌, 작은 송곳, 불을 일으키는 기구를 차고, 오른쪽에는 활깍지, 칼집, 불을 일으키는 나무로 만든 기구를 찬다. …며느리가 시부모를 섬기는 것은 부모를 섬기는 것과 같이 한다. …왼쪽에는 패건, 손수건, 칼, 숫돌, 작은 송곳, 불을 일으키는 기구를 차고, 오른쪽에는 바늘통, 실, 솜, 큰 송곳, 불을 일으키는 나무로 만든 기구를 찬다."(子事父母, … 左佩紛帨·刀·礪小觿金燧, 右佩玦捍管遰木燧 …婦事舅姑如事父母, … 左佩紛帨·刀·礪小觿金燧, 右佩箴管·線纊施繄袠·大觿木燧.)

허리띠는 옷을 조일 수 있을 뿐만 아니라 도구와 장식물을 다는데도 사용할 수 있다고 설명하였다. 이후 '휴대(携帶)하다'는 뜻으로 확장되었다.

허리띠는 많은 기능을 가지고 있다. 일을 할 때는 공구를, 전쟁을 할 때는 무기를, 의식을 행할 때는 옥기를 찰 수 있다. 또 평소에는 집에서 일상생활의 작은 용구와 먼지를 닦을 천을 착용할 수 있다.

▌춘추시대 옷에 허리띠를 맨
　토기로 만든 사람형상.

090 　 **찰 패**

pèi

금문에서 패(佩)자❶는 왼쪽은 서 있는 사람의 모습이고, 오른쪽은 넓은 허리띠 아래로 목욕 수건이 있는 모습이다.

『설문해자』에서는 패(佩)에 대해 이렇게 풀이했다.

　　"패(佩)는 외투에 단 패옥 같은 장식품을 말한다. 인(人), 범(凡), 건(巾)으로 구성되었다. 패물에는 반드시 천이 있어야 하므로, 건(巾)을 장식이라고 불렀다."(佩, 大帶佩也. 从人·凡·巾. 佩必有巾, 巾謂之飾.)

　　허신은 범(凡)자가 넓은 허리띠의 형상이라는 것을 설명하지 않았다.

　　윗글에서 인용한 『예기·내칙(內則)』에서는 평소 가정집에서 남자와 여자가 착용하는 공구가 다소 다르지만, 모두 더러움을 닦아내는 수건이 있다고 하였다. 이를 통해, 패(佩)자는 남녀가 공동으로 허리띠에 차는 수건으로 보인다. 그러나 자형이 나타내는 띠가 상당히 넓은 것은 귀족의 복장을 말한다.

❶

𢁇 𢁇 𢁇 𢁇

𢁇 𢁇 𢁇 𢁇

귀족들은 허리띠에 옥으로 장식한 노리개를 달아 존귀함을 나타내었으니, 패(佩)의 자형에 있는 띠에 매달린 물건도 옥 노리개일 가능성이 높다. 다만, 자형이 건(巾)과 비슷할 따름이다.

허리춤에 옥기를 맨 초기에는 그 모습이 상당히 간단하였다. 한두 가지만 선택하여 꿰서 허리띠에 묶었고, 색상도 단조롭고, 형식도 단순하였다. 그러나 이후 장식물의 모양은 갈수록 복잡해지고 중요시되었다. 동주시대에 이르자, 옥 조각을 꿰어 배열한 모습을 중요하게 생각하여, 크기와 높낮이에 맞춰 구성을 하고, 또 색의 조화에도 신경을 썼다.

옥으로 만든 장식물은 그 형식이 다양하다. 기본적인 형상은 『대대예기(大戴禮記)·보부(保傅)』를 통해 다음과 같은 사실을 알 수 있다. "수레에서 내릴 때 옥을 착용한 것으로 그 계급을 알 수 있다. 위에는 두 개의 형(衡)이 있고, 아래에는 두 개의 황(璜)과 형아(衝牙)가 있고, 빈주(玭珠)가 그 사이에 있으며, 거우(琚瑀)가 섞여 있다.(下車以佩玉為度, 上有雙衡, 下有雙璜衝牙, 玭珠以納其間, 琚瑀以雜文)" 길을 걸을 때면, 이러한 옥 조각과 구슬들이 서로 부딪쳐 낭랑한 소리를 내며 오색찬란하게 흔들리니 참으로 아름답고 우아하기 그지없다. 그러므로 생산 노동에 종사하지 않는 소수의 귀족들만이 이런 것들을 착용할 수 있는 것이다.

대구(帶鉤)

　동주시대, 특히 전국시대에는 옷을 맨 띠 위에 다시 가죽 띠를 매는 것이 유행이었다. 가죽 띠의 양 끝에는 각각 대구와 고리가 있어, 가죽 띠를 조여서 허리에 끼우는 데 사용하였다. 일반 사람들은 철, 돌, 뼈, 나무, 도기로 만들었지만, 대구는 매우 눈에 띄는 장신구였기 때문에 부자들은 가장 비싼 금, 은, 옥, 유리 등으로 만들거나 장식하였다. 긴 것은 길이가 46센티미터에 달하는 것도 있지만, 보통은 10센티미터 안팎이다. 대구의 몸체는 휘어있어, 복부의 굴곡에 적합하였다.

　고고학적으로 볼 때, 대구의 보급은 삼진(三晉)과 관중(關中)의 중원에서부터 점차 사방으로 확산되었다. 동시대의 유목지역에서 이러한 복식이 발견되는 경우는 드물다. 대구는 생활에 필요해서 발전한 것으로 추정된다. 그러나 한나라 때의 서비(犀比), 서비(犀毗), 서비(胥紕), 사비두(私紕頭) 등의 명칭은 외래에서 들어온 번역어가 분명하기에, 그 원인에 대해서는 더 고찰할 필요가 있다.

　대구는 조금만 숨을 들이마셔도 빨리 차고 벗을 수 있는 장점이 있다. 단점은 가죽 띠의 길이가 개별 허리둘레에 맞춰져 있어 체격이 변하면 사용하기가 불편하다는 것이다. 서주 이후로 청동 검을 많이 사용하게 되면서, 춘추시대에는 이미 귀족들의 장식용품이 되었다. 가죽 띠에 청동 검을 차고 있다가, 집에 있을 때는 차지 않았으며, 외출할 때만 실크로 짠 허리띠에 달았다. 대구는 처음에 실용적인 물건이었기 때문에, 초기에는 모두 작고 볼품없었다. 춘추시대의 말기에 대구가 보편적으로 사용되자, 목적을 가지고 제작된 정교하고 아름다운 대형 대구가 대량으로 만들어졌다. 서진(西晉)에서는 궁궐에 오를 때는 청동 검이나 철검을 목검으로 대체한다고 규정하였다. 무거운 물건을 휴대하여 발달한 대구는 점차 더 편리한 버클로 대체되었다.

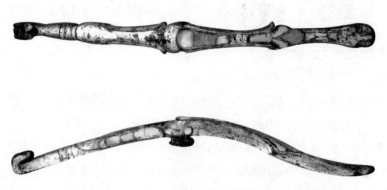

▎녹송석을 상감하고 황금을 입힌 청동 대구(帶鉤).
길이 20.5센티미터, 전국시대, 기원전 403~기원전 221년.

▎전국시대와 한나라. 큰 띠의 위에 검을 찬 모습.

091

갓난 아이 영

嬰

yīng

아름다움에 대한 숭상은 인간의 천성이자 진보의 상징으로, 사람들이 수렵 이외에 다른 생각을 할 수 있는 여유가 생겼다는 것을 의미한다.

자신을 아름답게 가꾸는 것은 인간만이 할 수 있는 행동이다. 옷이 만들어지기 이전에도, 사람들은 물건을 꿰어 목에 두르고 가슴에 매달아 자신을 치장할 줄 알았다. 적어도 3, 4만 년 전에 사람들은 목에 거는 장식을 사용하였다. 산정동인(山頂洞人) 유적지에서 130여 개의 구멍 뚫린 작은 물건들이 발견되었는데, 가슴에 다는 장식물이 분명하다.

황제(黃帝)가 처음으로 의복제도를 만들었는데, 허리춤에 옥으로 만든 장식물을 달아, 고귀한 신분과 전쟁을 하지 않겠다는 의지를 드러내어 사람들이 안심하고 생활에 전념하게 하였다. 게다가 사람들도 점점 목에 장식물을 걸지 않게 되었다. 그러나 문자를 통해, 어느 지역에서는 여전히 이러한 오래된 관습이 남아 있다는 것을 알 수 있다. 금문에서 종족의 표지[族徽]가 되는 영(嬰)자❶는 목 주위로 조개껍질로 만든 장식이 고르게 매달려 있는 모습이다.

❶

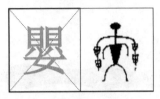

『설문해자』에서는 영(賏)과 영(嬰)에 대해 이렇게 풀이했다.

> "영(賏)은 목에 거는 장식이다. 이(二)와 패(貝)로 구성되었다."(賏, 頸
> 飾也. 从二貝.)

> "영(嬰)은 둘러싸다는 뜻이다. 여(女)와 영(賏)으로 구성되었다. 영
> (賏)은 조개가 연결되어 있는 모습인데, 목에 거는 장식이다."(嬰, 繞
> 也. 从女賏. 賏, 貝連也, 頸飾.)

이 두 글자는 영(嬰)자에서 발전한 것이다.

금문의 족휘 문자에 대해, 학자들은 더욱 오래된 문자형식을 유지했다가 이후에 일상적으로 사용하는 문자가 되었다고 여겼다. 청동기의 명문에는 금문의 영(嬰, 𧥦)자가 보이는데, 한 여성의 위에 조개가 하나 있는 모습이다. 이는 목걸이 장식이 이미 여성의 장신구가 되었다는 걸 알 수 있다. 그래서 두 개의 조개가 여성의 위에 있는 문자 형식(𧥦)을 줄였고, 또 다시 조개 하나 여자 한 명의 자형으로 줄였다.

목걸이 장식은 목을 에워싸고서 매달려 있기 때문에, 영(嬰)자에 '에워싸다'는 의미가 확장되었다. 또 영(賏)자는 목걸이 장식을 뜻하게 되었고, 영(嬰)자는 둘러싸다는 의미를 뜻하게 되었다. 상나라에서 사람을 조각한 상에는 목걸이 장식의 예가 없으나, 서쪽에 위치한 제가(齊家) 문화에서 목걸이 장식이 어린 아이나 여성의 무덤에서 많이 발견되었다. 중원지역은 이후에 여자들도 목걸이 장식을 하지 않게 되었고 어린 아이에게서만 유행하였기 때문에, 후에 영(嬰)자에 어린 아이의 의미가 생긴 것으로 보인다.

092 무릅쓸 모

mào

고대의 남녀는 일상적으로 비녀를 사용하여 머리카락을 고정시켰다. 그런데 여성들은 간혹 또 다른 장식물을 덧붙여 머리카락을 노출시키기도 하였다.

　의식을 행할 때나 공무를 처리할 때, 남성은 머리에 관을 쓰고 서민들은 검은 머리를 드러냈기 때문에, 검수(黔首: 관을 쓰지 않은 검은 머리라는 뜻으로, 일반 백성을 의미함.)라는 명사가 생겼다. 신체의 열량은 머리를 통해 발산할 수 있기 때문에, 온도가 낮을수록 머리에서 발산하는 열이 더욱 많아진다. 그래서 겨울에는 머리를 더욱 따뜻하게 해야 하는데, 이때 머리에 쓰는 것을 모(帽)라고 부른다.

　모(帽)자의 최초의 자형은 모(冃)이다. 갑골문에서 모(冃)자❶는 어린아이의 모자 모양으로, 가장 위쪽에는 장식물이 달려 있고, 가운데는 모자의 몸통이고, 가장 아래쪽은 귀를 보호하기 위한 귀마개로 되어있다. 이것은 일반적으로 호랑이 모자라고 불리는 아이들의 겨울용 모자이다. 민간에서는 호랑이를 아이들의 수호신으로 여겨, 꼭대기에 호랑이의 귀 모양을 장식하였다. 아이들이 모자를 가장 많이 쓰고 있어서 대표로 아이들 모자를 그린 것이다.

❶

이 글자는 이후에 귀마개 부분이 먼저 생략되었고, 그 다음에 제일 윗부분에 장식된 귀 부분이 생략되었다. 그런데 이렇게 하면 다른 글자와 혼동하기 쉬워서 모자의 아래에 머리를 나타내는 눈을 더하여 모(冒)자가 되었다. 금문의 모(冒, 🔾)자가 이와 같은 모습이다. 모(冒)자는 자주 '모험(冒險)'이나 '모실(冒失: 경솔하다)' 등의 뜻으로 사용되었기에, 달리 건(巾)을 더한 모(帽)를 만들어 구분하였다.

『설문해자』에서는 모(冃)에 대해 이렇게 풀이했다.

> "모(冃)는 어린 아이와 오랑캐가 사용하는 모자를 말한다. 경(冂)으로 구성되었다. 이(二)는 그 장식을 말한다. 모(冃)로 구성된 글자들은 모두 모(冃)가 의미부이다."(冃, 小兒及蠻夷頭衣也. 从冂. 二, 其飾也. 凡冃之屬皆从冃.)

갑골문의 모(冃)자가 모(帽)로 발전했다 해도, 그 자형은 이후의 문자에 남아 있다. 『설문해자』에서는 연(𩍋)에 대해 이렇게 풀이했다.

> "연(𩍋)은 부드러운 가죽을 말한다. 북(北)이 의미부이고, 또 피(皮)의 생략된 형태가 의미부이며, 형(敻)의 생략된 형태가 소리부이다. 연(䩔)으로 구성된 글자들은 모두 연(䩔)이 의미부이다. 연(奧)과 같이 읽는다. 달리 준(僎)과 같다고도 말한다. 연(冗)은 연(䩔)의 고문체이다. 연(㝹)은 연(䩔)의 주문체이다. 형(敻)의 생략된 형태로 구성되었다."(𩍋, 柔韋也. 从北从皮省, 敻省聲. 凡䩔之屬皆从䩔. 讀若奧. 一曰若僎. 冗, 古文䩔. 㝹, 籀文䩔. 从敻省.)

이 소전의 자형은 가장 윗부분에 갑골문의 모(彐)자가 들어있고, 아랫부분이 손으로 부드러운 가죽을 들고 있는 형상이다. 이것이 바로 갑골문에서 년(反, 🦶)자의 형상이다. 또 『설문해자』에서는 이렇게 풀이했다.

"년(反)은 부드러운 가죽을 말한다. 시(尸)와 우(又)로 구성되었다. 손이 시신의 뒤쪽으로 뻗어 있는 모습이다."(反, 柔皮也. 从尸·又. 又申尸之後也.)

이 두 글자의 자형에 대한 『설문해자』의 해석은 모두 틀렸다. 연(甕)자는 어린 아이의 모자를 부드러운 가죽으로 만드는 데서 그 의미가 생겼다. 『설문해자』에서 말하는 북(北)으로 구성되었다는 것은 실제로 아이들 모자의 장식용 귀를 말하는 것이다. 갑골문의 자형이 발견되고 나서야, 연(甕)자의 의미를 알게 되었다.

신 리{이}

1ǔ

신발은 현대인에게 없어서는 안 될 필수품이지만, 오랫동안 신발은 많은 사람들에게 선택 사항일 뿐이었다.

현재 옷을 입고 모자는 썼지만 신발을 신지 않은 현대화가 덜 된 부족은 있어도, 신발을 신고서 옷과 모자를 쓰지 않은 사회는 없다. 그렇다면, 신발은 모자가 생긴 이후로 더욱 문명화된 사회임을 알리는 산물이라는 것을 알 수 있다.

애초에 신발이 왜 만들어졌는지 생각해봐야 할 것이다. 신발의 최초의 기능은 발이 다치지 않게 보호하는 것이었다. 인간은 맨발로 몇 백만 년을 지내왔기에, 발의 피부가 자연적으로 굳어져서 쉽게 다치지 않는데, 갑작스럽게 발을 보호한답시고 신발을 신으려고 하지는 않았을 것이다.

고대 사람들은 신발을 리(履)나 구(屨)라고 불렀다. 금문에서 리(履) 자❶는 한 사람의 발에 배처럼 보이는 신발이 신겨진 모습이다. 고대의 신발은 그 모양이 배와 닮았다. 신발의 모양만 간단히 그리면 주(舟: 배) 자와 혼동되므로 신발을 신는 사람의 모습을 더해주었다. 그러나 신발을 신은 사람을 그릴 때 눈썹이 있는 머리 모양을 강조하였다.

❶

고문자에서 사람의 눈까지 그려 넣은 것은 기본적으로 귀족이나 무당의 행위와 관련이 있다. 문자를 만든 사람이 머리 부분을 눈썹의 특징으로 묘사해 낸 것은 신발을 신은 사람이 어떤 사람인지를 표현하기 위해서였을 것이다. 그렇지 않다면 간단한 사람의 형상이면 충분하다.

『설문해자』에서는 리(履)에 대해 이렇게 풀이했다.

"리(履)는 발에 신는 신발을 말한다. 시(尸)로 구성되었고, 옷을 입고 신발을 신고 있는 모습이다. 척(彳)과 치(夂)로 구성되었고, 또 주(舟)로 구성되었는데, 신발의 형상을 닮았다. 달리 시(尸)는 소리부라고도 한다. 리(履)로 구성된 글자들은 모두 리(履)가 의미부이다. 리(𩰣)는 리(履)의 고문체로, 혈(頁)로 구성되었고, 또 족(足)으로 구성되었다."(履, 足所依也. 从尸, 服履者也. 从彳夂, 从舟, 象履形. 一曰尸聲. 凡履之屬皆从履. 𩰣, 古文履从頁从足.)

허신은 원래 글자의 의미에 대해서는 말하지 않았다.

『석명·의복(衣服)』에서는 "리(履)는 예(禮)를 뜻한다. 발을 단장함으로서 예로 여겼다. 그 발에 덧대는 것을 석(舄)이라 부른다. 석(舄)은 신발을 말한다. 의식을 행할 때 오래 서 있게 되는데, 땅이 간혹 진흙처럼 젖기도 하므로, 다시 그 끝에 덧대어 발을 보호하였다.(履, 禮也. 飾足所以為禮也. 复(複)其下曰舄. 舄, 臘也. 行禮久立, 地或泥濕, 故复其末使干臘也.)"라고 했다. 이 기록은 모두의 의혹을 풀고자 신발을 제작한 이유를 설명한 것이다. 의식을 행할 때는 축축한 진흙땅에서 오래 서 있어야 하므로, 발이 축축해지지 않도록 신발을 신어서 발을 보호한 것이다. 금문의 자형(𥅀)에는 물[水]이 포함되어, 진흙에서 걷는 데 유리함을 표현하였다.

094 앞 전

qián

신발을 신는 발전과정을 다음과 같이 상상할 수 있을 것이다. 많은 사회에서는 사당과 같은 엄숙한 장소를 깨끗하게 유지하는 습관이 있었다. 처음에는 사당에 들어가기 전에 신을 모욕하지 않도록 발의 더러움을 씻어내는 풍습이 있었을 것이다.

갑골문에서 전(前)자와 전(湔)자❶는 모두 한 쪽 발을 손잡이가 달린 쟁반에 넣고 씻는 모습이다. 쟁반의 손잡이와 물방울의 형태를 생략한 자형도 있다. 길을 하나 더하여, 신발이 길에서 걸어 다닐 때 사용하는 것임을 표현한 복잡한 자형도 있다. 이 글자는 발을 씻는다는 본래의 의미 외에도, '먼저', '~이전에'라는 뜻이 있는데, 아마도 사당에 들어가기 전에 발을 씻던 습관에서 비롯되었을 것이다.

마루에 올라 의식을 행하기 전에 발을 씻는 것도 하나의 관습이다. 금문에서 전(前)자❷는 쟁반의 형상이 크게 잘 못 변하여 주(舟: 배)자의 자형과 비슷하게 되었다.

❶

❷

그래서 『설문해자』에서는 전(前)과 전(湔)에 대해 이렇게 풀이했다.

"걷지 않고 나아가는 것을 일러 전(肯)이라 한다. 발이 배의 위에 있는 모습이다."(肯, 不行而進謂之肯. 从止在舟上.)

"전수(湔水)를 말한다. 촉군(蜀郡) 면사현(綿虒縣)의 옥루산(玉壘山)에서 흘러나와 동남쪽의 장강으로 들어간다. 달리 삼위산(三危山)에서 흘러나와 동남쪽의 장강으로 들어간다고도 한다. 수(水)가 의미부이고, 전(前)이 소리부이다. 달리 전(湔)이라고 부르는데, 반만 씻는다는 뜻이다."(湔, 湔水. 出蜀郡綿虒玉壘山東南入江, 一名三危山. 東南入江 从水, 前聲. 一曰: 湔, 半澣也.)

허신은 사람의 발이 배에 있고 배가 사람을 싣고 나아간다고 하여, '앞으로 나아가다'는 의미가 생겼다고 오해하였다. 그러나 전(湔)의 또 다른 의미인 반만 씻는다는 것이 전(前)자가 발을 씻는 것과 관련이 있다는 증거가 될 수 있다.

마루에 오르기 전에 먼저 발의 더러움을 깨끗이 씻어야 하기 때문일 것이다. 잠시 발을 씻기에는 시간이 좀 촉박할 것 같아, 편하도록 미리 깨끗이 씻은 발을 가죽으로 감쌌고, 의식을 행할 때 이 가죽을 벗었다. 매번 가죽을 묶고 풀어야하는 번거로움을 피하기 위해, 가죽은 발 모양에 따라 재봉된 신발로 천천히 발전했다.

고대에 신을 기리는 의식은 귀족만 참가할 수 있었기 때문에, 리(履)자에 특히 눈썹을 그려 넣어, 신발을 신은 사람이 위풍당당한 귀족계급임을 강조했다.

의식을 행하며 신을 받들 때는 맨발로 경건한 태도를 표시해야 한다. 그러나 일반적으로 마루에 오르기 전에는 신발을 벗어야 한다. 『예기·곡례

(曲禮)』에서는 "어른을 모시고 앉을 때에는 신발을 신고 마루에 오르지 않는다. 신을 벗을 때에는 감히 섬돌에 놓아두지 못한다.(侍坐於長者, 履不上於堂. 解履不敢當階.)"라고 했다. 만약 신발과 버선을 벗지 않고 마루에 올라간다면, 당시 사회에서는 불경스러운 행위로 오해받았다.

『춘추』의 애공(哀公) 25년 조에 이와 관련된 일화가 기록되어 있다.

"위후(衛侯)는 석포(藉圃)에 영대(靈台)를 만들고, 대부들과 함께 술을 마시는데, 저사성자(褚師聲子)가 버선을 신고 자리에 올라 공이 노하였다. 평계를 대며 '신(臣)이 병이 있어 다른 사람과 다릅니다. 만약 그것을 보신다면 임금께서 그것을 취할까 감히 하지 못한 것입니다.'라고 말했는데도, 공은 더욱 노하였다. 대부들이 변명해주었지만, 어림도 없었다. 저사가 나가자, 공이 그 손을 창처럼 보이며 '반드시 발을 자를 것이다.'라고 말했다."(衛侯為靈台于藉圃, 與諸大夫飲酒焉. 褚師聲子襪而登席, 公怒. 辭曰: "臣有疾異於人, 若見之, 君將之, 是以不敢" 公愈怒. 大夫辭之, 不可. 褚師出, 公戟其手, 曰: "必斷而足.")

위후(衛侯)가 분해서 이를 악물고 언젠가 저사성자의 발을 자르겠다고 다짐한 것을 보면 그 정도가 심하다는 것을 짐작할 수 있다.

버선을 신는 시대에 맨발은 일종의 경건함의 표시였다. 『수서·예의지(禮儀志)』에서는 "공경을 다하는 곳에서는 모두 맨발이 아닐 수 없다.(極敬之所, 莫不皆跣)"라고 했다. 그러므로 죄를 받거나 죄를 인정하는 상황에서 맨발로 의식을 행하는 것이 고상하지 않다고 생각해서인지 버선을 만들었다. 그래서 『예가·소의(少儀)』에서는 "방이나 마루에서 제사를 할 때는 버선을 벗지 않는다. 그러나 연례에서는 버선을 벗는다.(凡祭於室中堂上, 無跣 燕則有之)"라고 하여, 의식을 행할 때에는 우아한 모습이어야 했으므로, 버선을 신어야 했다. 그러나 연회에서는 편안함을 추구하여 버선을 벗었다.

▌등잔을 잡고 있는 노예 상으로, 모두 맨발의 모습이다. 연회 때에 등잔을
잡고 있을 일이 많았다.

후기

『유래를 품은 한자』 제3권과 제4권의 주제는 일상생활과 관련된 글자들이다. 제3권에서는 음식과 의복에 관련된 글자들을 소개하였고, 제4권에서는 주거와 이동에 관련된 글자들을 소개하였다.

주거에 관한 내용은 몇 가지 주제로 나누었다. 첫째, 거주지에 대한 선택에 관한 것이다. 인구가 증가하면서 점차 산에서 넓은 평지로 이동하였다. 둘째, 거주한 건축물에 관한 것이다. 건축기술이 발달하면서 반 지하에서부터 지상으로 올라갔고, 외형도 원형에서 직사각형으로 바뀌었으며, 높이도 2층 이상까지 올라갔다. 그러면서 생활의 편리와 편안함을 위해 다양한 설비와 장식을 갖추게 되었다. 이후에는 여유롭게 정원도 집으로 들여와 불빛과 훈향을 더해, 하루 종일 빛과 향기를 선사하는 곳으로 발전하였다.

이동과 관련된 내용은 인간에게 매우 필요한 것이다. 음식을 찾든, 교환을 하든, 혹은 친구를 방문하든지 간에 모든 활동에는 발로 걷는 행위가 필요하다. 산과 강의 위험을 벗어나기 위해, 사람들은 수레와 배를 발명하고 도로를 건설하여 외진 곳에 빠르게 도달할 수 있게 하였다. 이로써 각종 유익한 물자를 발견하여 삶을 충실하게 만들 수 있었다.

일상생활의 주제인 의복·음식·거주·이동에 대한 문자를 익힘으로써, 고대 사람들의 삶을 이해할 수 있을 뿐만 아니라, 문명을 촉진시킨 그들의 지혜에 감탄하게 될 것이다.

역자 후기

1986년 겨울로 기억된다. 벌써 아련한 35년 전의 일이다. 허진웅 교수님께서 캐나다에서 오랜 외유 끝에 잠시 대만으로 돌아오셔서 갑골문 강의를 하신다는 소식을 대만대학의 친구로부터 들었다. 그때 대만대학으로 가서 선생님의 강의를 방청한 것이 처음으로 뵌 인연이다.

처음에 놀란 것은 학문에 대한 선생님의 성실함과 과학적 접근과 분석이었다. 우리에게 강의를 해 주시면서 당시에 나온 갑골문 등에 관한 학술 논문들을 한 편 한 편 컴퓨터 파일로 정리하여 나누어 주셨다. 각 편의 논문마다 해당 논문의 기본 정보, 내용 요약, 문제점, 해결 방안, 참고문헌 등을 기록한 파일을 출력하신 것이었다. 그때만 해도 개인 컴퓨터가 막 보급되기 시작하였고, 다른 사람들은 필사하거나 자료를 잘라 붙인 카드나 노트 등으로 자료를 정리하고 연구하던 시절이라 도트 프린트로 인쇄된 선생님의 자료들은 신선한 충격이 아닐 수 없었다. 게다가 당시로서는 보기 어려웠던 서구의 자료들은 물론 대륙의 다양한 자료들까지 포함하고 있었다. 당시는 대륙의 자료들이 마치 우리들에게서 북한자료인 것처럼 열람이 제한되어 있었다. 이들 자료를 보려면 대만국가도서관의 중국학센터[漢學中心]나 국립정치대학 동아시아연구소에 가서 허락을 득한 후 복사도 불가한 상태에서 손으로 베껴 써야만 했던 때였다. 그랬으니 그 충격과 감격은 가히 헤아릴 수 있으리라.

선생님께서는 캐나다 온타리오 박물관에서 멘지스 소장 갑골문을 손수 정리하시면서 체득한 여러 노하우들도 알려주셨는데, 그 과정에서 발견한 갑골을 지지기 위해 홈을 파둔 찬과 조의 형태에 근거해 갑골문의 시대를 구분할 새로운 잣대의 발견을 이야기할 때는 다소 흥분까지 하신 듯 했다. 동작빈 선생께서 1933년 갑골문의 시기구분 기준으로 제시했던 10가지 표준에 하나를 더 보탤 수 있는 과학적 잣대이자 획기적인 성과였다. 그리고 상나라 때의 5가지 주요 제사에 대해서도 일가견을 갖고 계셨고, 새로운 연구 성과와 경향을 다양하게 소개해 주셨다. 게다가 갑골문 연구, 나아가 한자연구에서 가져야 할 참신한 시각도 많이 제공해 주셨다. 특히 한자를 문헌과의 연계 연구에서 벗어나, 고고학 자료들과의 연계, 나아가 인류학과 연계해야 한다는 말씀을 강조하셨다. 어쩌면 왕국유 선생께서 일찍이 제시했던 한자와 문헌과 출토문헌 자료를 함께 연구해야 하며 거기서 공통된 증거를 찾아야 한다는 '이중증거법'을 넘어서 인류학 자료까지 포함시킴으로써 '삼중증거법'을 주창하셨던 셈이다. 혜안이 아닐 수 없었다. 아마도 선생님께서 캐나다라는 구미 지역에서 오랜 세월 동안 연구하셨기 때문에 이러한 영역을 연계시키고 나아가 '중국인들의 사고'를 넘을 수 있었던 것이라 생각했다.

그 후로 선생님을 마음속에서만 흠모 했을 뿐, 제대로 찾아뵙지도 못하고, 제대로 가르침을 구하지도 못했다. 1989년 귀국하여 군복무를 마치고, 1991년 운 좋게 대학에 자리를 잡아 학생들을 가르치게 되었다. 중국학의 기초가 되는, 또 우리 문화의 기저에 자리하고 있는 한자를 좀 더 참신하게 강의하고자 노력하고 있을 때였다. 그때 정말 반가운 소식을 하나 접하게 되었다. 다름 아닌 선생님의 거작 『중국고대사회』가 동문선출판사에서 홍희 교수의 번역으로 출간된 것이었다. 영어로 된 교재 편집 본을 보고 감탄하며 활용하고 있었는데, 선생님의 학문 세계를 망라한 그 방대한 책이 우리말로 번역되어 한국 독자들에게 소개된 것이다. "문자와 인류학의 투시"라는 부제가 붙어 있듯 이 책은 각종 고고학과 인류학적 자료와 연구 성과들을 한자와 접목하여 그 어원을 파헤치고 변화 과정을 설명한 책이다.

너무나 기뻐 내 자신이 몇 번이고 숙독을 했음은 물론 학생들의 교재로 사용하기도 했다. 지금 생각하면 그 두껍고 상당히 학술적이기까지 한 책을 통째로 익히게 했으니 학생들이 꽤나 고생하고 원망도 많았다. 하지만 당시에는 미국과 캐나다의 중문과에서도 여러분과 같은 또래의 학부학생들이 이 책으로 꼭 같이 공부하고 있다고 하면서 경쟁력을 가지려면 한자문화권에 사는 여러분들이 이 정도는 당연히 소화해야 하지 않겠냐며 독려했던 기억이 생생하다.

필자가 지금하고 있는 한자의 문화적 해석과 한자의 어원 연구는 사실 허진웅 선생님의 계발을 받은 바가 크다. 필자의 한자 연구를 '한자문화학'이라는 구체적 방향으로 가도록 해 준 책이 바로 이 책이기 때문이다. 그러다 1994년 숙명여대 양동숙 교수님의 주관으로 한국에서 전무후무한 성대한 갑골학 국제학술대회가 열렸다. 중국 대륙의 구석규, 왕우신 선생님을 비롯해 허진웅 선생님까지 오신 것이다. 저도 어린 나이었지만 초대되어 부족하지만 「갑골문에 나타난 인간중심주의」라는 논문을 발표하여 좋은 평가를 받았으며, 그 이후로 한자문화학이라는 이 방향이 지속 가능한 연구임을 확인하게 되었다.

그 이후로는 선생님을 직접 뵐 기회가 없었다. 중국이 개방되면서 주로 대륙을 드나들면서 상해의 화동사범대학 등과 공동 연구를 주로 하면서 대만을 갈 기회가 없었기 때문이다. 그래도 선생님의 책은 꾸준히 사 모았다. 그리고 블로그 등을 통해서도 선생님의 활발한 학술활동과 연구경향 등을 확인할 수 있었다. 컴퓨터를 여전히 잘 운용하시는 선생님의 모습이 그려졌다.

그러다 2019년 5월 대만문자학회의 초청으로 학술대회에 참여했다가 서점에서 선생님의 『유래를 품은 한자』 7권을 접하게 되었다. 그간의 선생님의 관점과 연구 성과를 담은 결과물을 보다 쉽게, 보다 통속적으로 기술한 책이었다. 나이 여든이 된 세계적 대학자께서 그 연세에 청소년들을 위해 큰마음을 잡수시고 이 방대한 책을 펴냈을 것임을 직감했다. 날이 갈수록 한자를 학문적 근거 없이 편한 대로 이해하는 세태, 그 속에 담긴 문화적 속성에 대한 이해 없이 단순한 부호로만 생각하는 한자, 그리고 줄어만 가는 중국 전통문화의 연구 등등, 이러한 풍조를 바로 잡고 후학들에게 관심을 가지게 하려면 어린 청소년부터 시작하는 게 옳다고 생각하셨을 것이다. 그래서 보통 대학자들이 잘 하지 않는 통속적 저술 쓰기를 손수 실천하셨던 것이다. 사실 전문적 학술 글쓰기보다 훨씬 어려운 것이 대중적 통속적 글쓰기이다. 고희를 넘어서 산수(傘壽)에 이르신 연세에 노구를 이끌고 이런 작업을 하신 선생님의 고귀한 열정을 우리 모두 깊이 새겨야 할 것이다.

대만 학회를 마치고 오는 길에 이 책을 번역하여 한국 독자들에게 소개해야겠다는 결심을 했다. 그것이 선생님께 진 학문적 빚을 조금이라도 갚고 선생님의 지도에도 감사하는 한 방식이라 생각했기 때문이다. 돌아오자마자 해당 출판사에 번역 제의를 했고 선생님께도 이 사실을 보고해 도움을 달라고 부탁드렸다. 출판사도 선생님께서도 모두 흔쾌히 허락해 주셨다. 다만 『유래를 품은 한자』 7권과 곧이어 나올 『갑골문 고급 자전』까지 총 8권의 방대한 저작을 한꺼번에 제대로 번역할 수 있을까 하는 걱정도 갖고 계셨다. 그러나 저는 개인이 아니라 한국한자연구소의 여러 선생님과 함께 하는 팀이 있다고 말씀드렸고, 저의 책임 하에 잘 번역하겠다고 약속드렸다. 물론 연구소의 인원 모두가 참여한 것은 아니지만 중국학 전공으로 자발적으로 참여하신 선생님들을 위주로 번역 팀이 꾸려졌다.

그리고 2020년 1월 초, 한자의 시원이라 할 갑골문 발견 120주년을 기념하는 국제학술대회와 한중갑골문서예전을 우리 연구소에서 개최하기로 되어, 이 자리에 선생님을 모셨다. 고령이기도 하시거니와 외부 활동을 잘 하지 않으시는 선생님이었지만, 초청에 흔쾌히 응해 주셨다. 한국은 숙명여대 학술대회 이후 약 25년 만에 이루어진 방문이셨다. 아마도 우리 연구소와 번역 팀이 어떤지를 확인해 보고 싶기도 했을 것이라 생각한다. 이번 학회에서도 선생님께서는 유가의 3년 상의 전통이 우리가 상상하는 것보다 훨씬 이전인 상나라 때부터 존재했다는 가설을 갑골문과 관련 고고자료들을 통해 논증해주셨다. 언제나 어떤 학회를 가시더라도 항상 참신한 주제에 새로운 성과를 발표해 주시는 선생님의 학문적 태도에 다시 한 번 감동하지 않을 수 없었다.

우리 한국한자연구소는 한국한자의 정리와 세계적 네트워크와 협력 연구를 위해 2008년 출범한, 아직 나이가 '어린' 연구소이다. 그러나 한자가 동양문화의 기저이며, 인류가 만든 중요한 발명품의 하나이자 계승 발전시켜야 할 유산이라는 이념을 견지하며 여러 가지 다양한 활동을 하고 있으며, 세계한자학회의 사무국도 유치했다. 마침 2018년 한국연구재단의 인문한국플러스(HK+)사업에 선정되어 한국, 중국, 일본, 베트남 4개국의 한자어휘 비교를 통한 "동아시아한자문명연구"를 진행하고 있다. 2025년까지 이 연구는 지속될 것이다. 한자는 동아시아 문명의 근원이고, 한자 어휘는 그 출발이 개별 한자이다. 한 글자 한 글자 모두가 중요한 개념을 글자 속에 담고 있고 수 천 년 동안 누적된 그 변화의 흔적들을 새겨 놓은 것이 한자라는 문자체계이다. 그래서 한자에 대한 근원적이고 철저한 이해는 이 모든 것을 출발점이자 성공을 담보하는 열쇠라 생각한다.

그런 의미에서 이 『유래를 품은 한자』는 우리 사업과도 잘 맞는 책이며, 통속적이고 대중적이지만 결코 가볍지도 않은 책이다. 허진웅 선생님의 평생에 걸친 연구 업적이 고스란히 녹아 있는 결정체이다. 특히 『갑골문 고급 자전』은 최신 출토 갑골문 자료를 망라함은 물론 평생 천착해 오신 갑골문과 한자어원 및 한자문화 해석에 대한 선생님의 집대성한 가장 최근의 저작이다. 이들 책에서 한자를 단순히 문자 부호가 아닌 문화적 부호로 보고 이를 문화학적 입장에서 해석하려는 노력이 특별히 돋보인다. 독자들에게 한자를 고고학과 인류학과 연결하여 보는 눈을 열어주고 한자에 담긴 새로운 세계를 인류의 역사와 함께 탐험하게 할 것이다. 그 어떤 저작보다 창의적이면서도 학술적이라 확신한다. 우리에게서도 점점 멀어져만 가는 한자, 이 책을 통해서 한자의 진면목과 숭고한 가치를 느끼고 한자와 가까워질 수 있을 것이라 믿는다. 그리고 한자에 담긴 무한한 지혜와 창의성을 체험하는 재미도 느끼게 해 줄 것이다.

다소 장황한 '후기'가 되었지만, 허진웅 선생님과의 인연과 필자가 한자 문화학의 길로 들어서게 된 연유, 그리고 그 과정에서 선생님께 입은 은혜에 대해 감사 표시라 이해해 주시기 바란다. 아울러 이 방대한 책을 빠른 시간 내에 번역할 수 있도록 참여해 주신 김화영, 양영매, 이지영, 곽현숙 교수님께도 감사드리며, 여러 번거로운 일을 마다않고 도와준 김소연, 이예지, 최우주, 김태균, 박승현, 정소영 동학에게도 고마움을 표한다.

2020년 12월 20일
역자를 대표하여 하영삼 씁니다.

출현한자 찾아보기

저자/역자 소개

허진웅(許進雄)

1941년 대만 고웅 출생, 국립대만대학 중문과 졸업 후 1968년 캐나다 토론토의 로열 온타리오박물관 초청으로 멘지스 소장 갑골문을 정리, 갑골문 시기 구분 표준을 제시하는 등 갑골문 연구의 세계적 권위가가 됨.
1974년 토론토대학 동아시아학 박사학위 취득, 동아시아학과 교수 부임. 1996년 대만으로 귀국, 국립대만대학 중문과 특임교수로 재직, 2006년 퇴임 후 현재 세신대학 중문과 교수로 재직.
주요 저서에 『중국고대사회』, 『실용 중국문자학』, 『허진웅 고문자학 논문집』, 『문자학 강의』, 『갑골복사의 5가지 제사 연구』, 『갑골의 찬조 형태 연구』 등이 있다.

김화영(金和英)

경성대학교 중국학과 조교수, (사)세계한자학회 사무국장, 『한자연구』 편집주임. 동의대학교 중문과를 졸업하고, 동 대학원에서 석사학위, 부산대학교에서 박사학위를 취득했으며, 한자학 관련 서적의 번역에 주력하고 있다.
저서에 『한자로 읽는 부산과 역사』(공저), 『땅띠중국어』가 있고, 역서에 『삼차원 한자학』, 『한국한문자전의 세계』, 『유행어로 읽는 현대 중국 1백년』 등이 있다.

하영삼(河永三)

경성대학교 중국학과 교수, 한국한자연구소 소장, 인문한국플러스 (HK+)한자문명연구사업단 단장. (사)세계한자학회 상임이사. 부산대를 졸업하고, 대만 정치대학에서 석.박사 학위를 취득했으며, 한자 어원과 이에 반영된 문화 특징을 연구하고 있다.
저서에 『한자어원사전』, 『한자와 에크리튀르』, 『한자야 미안해』(부수편, 어휘편), 『연상 한자』, 『한자의 세계』 등이 있고, 역서에 『중국 청동기시대』, 『허신과 설문해자』, 『갑골학 일백 년』, 『한어문자학사』 등이 있고, 『한국역대한자자전총서』(16책) 등을 주편했다.